WELTGESCHICHTE DER ARCHITEKTUR
GRIECHENLAND

ROLAND MARTIN

GRIECHENLAND

DEUTSCHE VERLAGS-ANSTALT
STUTTGART

Aus dem Italienischen übertragen von Hertha Balling
Grafik: Arturo Anzani
Umschlaggestaltung: Hans Peter Willberg, Eppstein

CIP-Kurztitelaufnahme der Deutschen Bibliothek

Weltgeschichte der Architektur. – Stuttgart:
Deutsche Verlags-Anstalt
Einheitssacht.: Storia universale dell'
architettura ⟨dt.⟩
NE: EST

Griechenland/Roland Martin.
[Aus d. Ital. übertr. von
Hertha Balling]. – 1987.
ISBN 3-421-02859-1
NE: Martin, Roland [Mitverf.]

© 1980 Gruppo Editoriale Electa S.p.A., Mailand
© 1987 Deutsche Verlags-Anstalt GmbH, Stuttgart
(für die deutsche Ausgabe)
Alle Rechte vorbehalten
Gesamtherstellung: Fantonigrafica, Venedig
Printed in Italy

DIE ARCHITEKTUR DES MINOISCHEN KRETA UND DER MYKENISCHEN WELT

Man zögert, die kretische Architektur in einem Buch zu besprechen, das von griechischer Architektur handelt, denn man weiß nicht, welche Verbindungen sich zwischen diesen beiden Formen monumentaler Schöpfung herstellen lassen, die sich so stark durch den Geist, durch die Konzeption der Volumina und der Räume sowie den Gebrauch der dekorativen Werte voneinander unterscheiden. Sollte man nicht besser die Studie über Paläste auf Kreta mit der Studie über die orientalischen Paläste verbinden? Springt die Verwandtschaft beider nicht ins Auge? Die Grundrisse und die Innenanlagen, sind sie nicht nahe verwandt? Wir werden Verwandtschaften feststellen. Jedoch nicht nur geographische Beziehungen, sondern auch die historischen Bande und gewisse Traditionen rechtfertigen die hier getroffene Lösung, beide Architekturformen in ein und demselben Band zu behandeln, denn ein Zug zur Einheit wurde durch die mykenische Architektur begründet. Sie war – das wissen wir heute genau – schon eine griechische Schöpfung, angelegt von griechischen Völkern, die Griechisch sprachen, und sie integrierte minoische Formen und Elemente in rein kontinentale und einheimische Strukturen durch einen Anpassungsprozeß, den wir am Ende unserer Studie in den Wandlungen der hellenistischen Architektur wiederfinden werden, die sich zur römischen Architektur hin entwickelten.

Diese besteht aus der Verbindung verschiedener Elemente, von denen die einen aus der griechischen Tradition entlehnt, die Formen, Stile und Dekor überlieferte, die anderen aus italienischen Strukturen erwachsen und in den autochthonen Kulturen Italiens entwickelt sind. Es gibt eine Art von Einheit, welche die verschiedenen Epochen und die verschiedenen Momente der Architektur im griechischen Bereich im Verlauf der zwei ersten Jahrtausende miteinander verbindet. Wir werden daher diese Studie mit der Entstehung der eigentlich minoischen Architektur beginnen, zur Zeit der Ersten Paläste, in mittelminoischer Zeit (um 2000-1900 v. Chr.), und die unterschiedlichen und für unseren Zweck allzu fremdartigen Formen der Bronzezeit, die unmittelbarer mit der Vorgeschichte und dem Neolithikum in Verbindung stehen, vernachlässigen. In der Architektur wird dieser Schnitt durch den Bau der ersten Paläste, die eine neue Welt ankündigen, klar ersichtlich.

Ebenso werden wir auf dem Kontinent nur von den mykenischen Schöpfungen sprechen, die durch Anleihen aus Kreta im 14. und 13. Jh. v. Chr. die helladische Tradition tief beeinflußt haben. Uns interessieren vor allem jene großen Augenblicke der Architektur, die einen bedingten Einfluß auf die Geburt der griechischen Architektur gehabt haben, genaugenommen auf das Zeitalter der geometrischen Kunst, im Lauf des 8. Jhs. v. Chr. Um unserem Vorsatz treu zu bleiben, nur die großen Etappen der Architekturschöpfung und ihr gleichzeitig politisches, soziales und religiöses Milieu in Verbindung mit dem menschlichen Rahmen, der ihre Entwicklung bestimmt und erklärt, verständlich zu machen, erschien es uns richtig, nur zwei große Perioden zu unterscheiden. Die erste läßt uns der Geburtsstunde dieser Architektur beiwohnen, der Suche nach den Grundrissen und Formen, dem Überschwang archaischer Fruchtbarkeit und dann der Strenge und Reglementierung der klassischen Disziplin; sie dauert vom 8. bis zum 4. Jh. v. Chr.

Die zweite, sogenannte hellenistische Periode entspricht einer Ausbreitung der Architektur, die durch die tiefgreifenden politischen Wandlungen begünstigt und erklärt wird. Während sie die Formen und klassischen Strukturen verändert und anpaßt, schafft sie einen architektonischen Ausdruck, dessen Entwicklung die römische Architektur und die westliche Welt beeinflußt. Sie entwickelt sich in dem begrenzteren Rahmen der Städte und des Städtebaus, wodurch die unterschiedlichen Typen von religiösen, zivilen oder privaten Gebäuden zu Wandlungen genötigt werden, wie sie die notwendige Anpassung an den städtischen Rahmen – das charakteristischste Element dieser Periode – verlangt. Ihr Erbe wird während mehrerer Jahrhunderte sichtbar sein.

Es scheint uns, daß diese Art der Darstellung die Bedingungen und die Originalität der Architektur in der griechischen Welt besser veranschaulicht als die traditionelle Aufteilung in chronologische Perioden, deren Charakteristika äußerlich sind und schlecht mit der jeweiligen Umgebung verknüpft, die in ihren Monumenten Ausdruck findet.

DAS MINOISCHE KRETA

Zeitlich und durch die Originalität seiner Konzeption steht das minoische Kreta am Anfang der Architekturgeschichte des Westens. In den großen Palästen der spätminoischen Zeit, zwischen 1600 und 1400 v. Chr., zeichnen sich mit voller Klarheit die Prinzipien der kretischen Architektur ab. In ihnen manifestiert sich alles Geschick und alles Suchen nach einer nuancierten und kunstvoll hierarchisierten Palast- und Königspalastarchitektur, in der die Raumstrukturen und die dekorativen Werte gleichgewichtig miteinander verbunden sind, was nur in wenigen bevorzugten Perioden in der Architekturgeschichte erreicht wurde.

Die jüngsten Ausgrabungen, die genauen Untersuchungen der verbliebenen Spuren und des Mobiliars erlauben uns heute, die Wesenszüge des Anfangs dieser Schöpfung zu erkennen, die Kultur

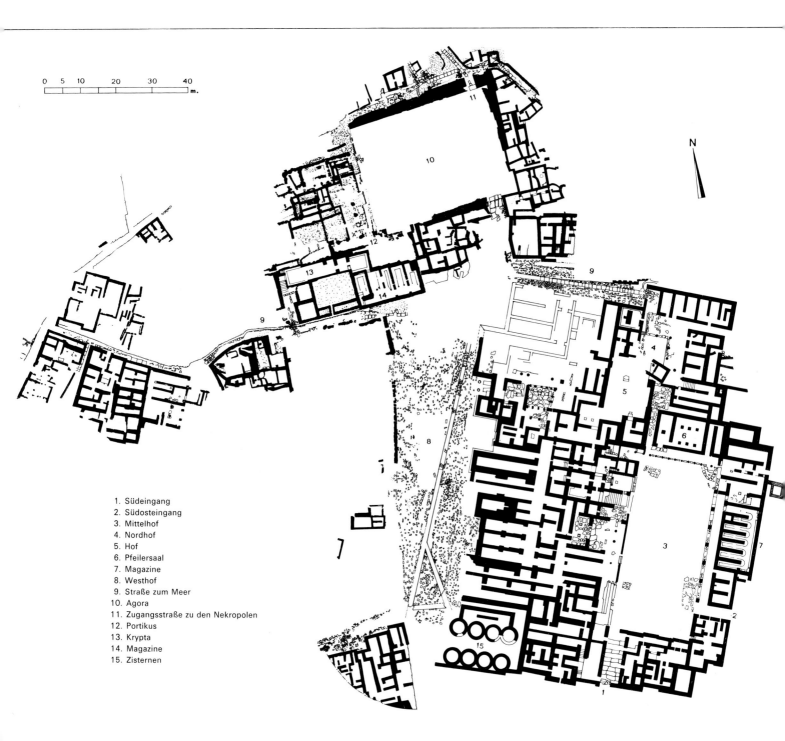

1. Mallia. Plan des Palastes und der Ausgrabungen im Nordwesten.

1. Südeingang
2. Südosteingang
3. Mittelhof
4. Nordhof
5. Hof
6. Pfeilersaal
7. Magazine
8. Westhof
9. Straße zum Meer
10. Agora
11. Zugangsstraße zu den Nekropolen
12. Portikus
13. Krypta
14. Magazine
15. Zisternen

2. Mallia. Rekonstruktionszeichnung des Palastes von Nordwesten.
3. Mallia. Krypta.
4. Mallia. Grundriß des Hauses E.

der ersten Paläste der mittelminoischen Zeit (2000-1770 v. Chr.). Lassen sich die historischen Bedingungen herausfinden, die damals Kreta erlaubten, sich von der übrigen Welt der Ägäis zu trennen, seinen eigenen Aufschwung zu nehmen, Formen einer dynamischen Kultur zu entwickeln, die – nach 1600 – die Randzonen der Ägäis aus der Mittelmäßigkeit heraustreten und ihrerseits die sehr einfachen und sehr strengen Formen der späthelladischen und mittelhelladischen Kultur hervorbringen ließ? Die aufgefundene Hieroglyphenschrift bleibt für uns noch stumm. Nur die Archäologie, mit dem Anteil an Hypothese, der in ihrer Arbeit liegt, erlaubt es uns, einige Aspekte der Entwicklung vorzustellen, die eine zersplitterte und in Dörfern oder in begrenzten Gebieten verstreute Gesellschaft in eine politische, um Fürsten zentralisierte Organisation zusammenfaßte. Die Fürsten schufen in ihrem Palast die Grundelemente eines städtischen Systems und ein Regime von Stadtstaaten, von denen Mallia, Knossos, Zakros und Palaikastros, die bekanntesten sind. Diese Könige, die in ihrem Territorium die politischen und religiösen Funktionen ausübten, stellen zweifellos politisch autonome Gruppierungen dar, ohne daß heftige Rivalitäten sie zur Bildung mächtiger Defensivorganisationen gezwungen hätten. Sie hatten nicht die Macht ihrer Nachbarn, mit denen sie jedoch Handel trieben und auch künstlerische Beziehungen unterhielten.

In Ägypten stellten damals die Pharaonen des Neuen Reiches die Autorität von Theben wieder her, und sie nahmen ihre Expansionspolitik gegenüber Palästina und Syrien wieder auf, wo ihre Produkte mit denen der kretischen Städte zusammentrafen. Dadurch kamen die Minoer mit einer Kultur in Kontakt, die sich in voller Renaissance befand, deren Malerei brillante Vorbilder lieferte, während die ägyptische Architektur die Strenge der Werke des Alten Reiches durch die Entwicklung von Säulenordnungen, die Einführung von Kolonnaden und die majestätischen Säle, deren Decken von Säulen getragen werden, abschüttelte.

Die Kreter sollten die Auswirkungen dieser kraftvollen Renaissance erfahren. An den Ostküsten der Ägäis erschlossen die Häfen von Byblos, die Handelsplätze von Zypern, die Kontore von Ras Šamra die Wege in das Innere, zu dem großen Babylon Hammurabis. Die Etappenstationen Mari am Euphrat, Tell Açana beim Durchbruch des Orontes waren den minoischen Reisenden sicherlich auch bekannt.

So treffen die kretische Ausdehnung und die erste große Bewegung der minoischen Kultur zu Anfang des 2. Jahrtausends v. Chr. auf Bewegtheit und dynamische Schöpfungskraft auf allen Gebieten, mit denen die Kreter in Kontakt kommen. Ihr Aufschwung beginnt, und sie lassen die helladischen Kulturen weit hinter sich, die mit

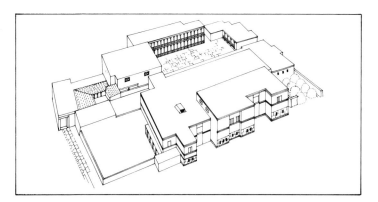

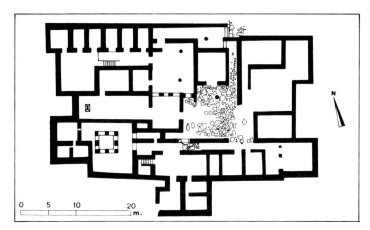

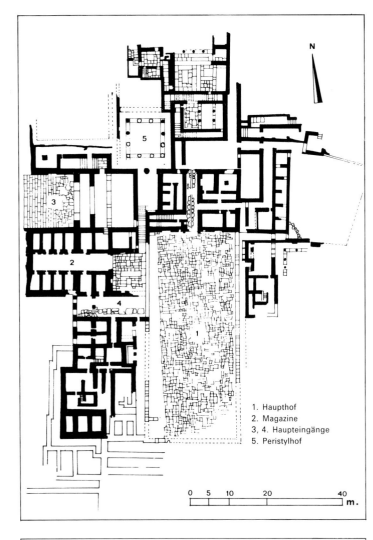

5. Phaistos. Grundriß des Zweiten Palastes.
6. Phaistos. Rekonstruktion des Eingangs.

1. Haupthof
2. Magazine
3, 4. Haupteingänge
5. Peristylhof

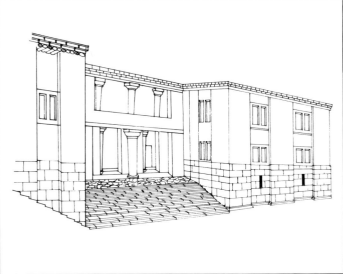

den Strömen, die sich in der Periode vor der Bronzezeit entwickelten, in engerer Verbindung blieben. Diese vielfältigen Beziehungen erklären, daß sich in dieser Zeit die wesentlichen Formen der Palastarchitektur ausbilden, die ihre Hochblüte in der folgenden Periode unter der Herrschaft der aufgeklärten Fürsten aus Knossos haben sollte, welche die teilweise Einigung Kretas zweifellos zu ihrem Nutzen verwirklichen.
Die weniger luxuriösen Paläste von Mallia, Zakros und Phaistos lassen – mehr als Knossos – die Züge erkennen, die den Bauten der Vorpalastzeit eigentümlich waren. Wir wollen versuchen, uns davon ein Bild zu machen.

Die älteren Paläste
Der rechteckige Hof erscheint auf den ersten Blick als das wichtigste Element, dessen einigende Rolle sich immer weiter entwickeln wird (in Mallia: 50 × 22 m; in Knossos, wo er ebenso alt ist: 50 × 25 m). Er ist nicht, wie im orientalischen Palast, Mari z. B., ein Einheitselement, ein Organisationsmodul für die Säle, die ihn umgeben, dessen Konturen auf die Außenmauer des Ganzen übertragen wurden. Dieses Element wird so oft wiederholt, wie es nötig ist, um ein schwach strukturiertes Ganzes zu schaffen. Der minoische Hof hat seinen eigenen Wert; er ist ein eigener Raum, und seine einigende Rolle beruht auf der Bewegung des Kreislaufs und auf dem abwechselnden Rhythmus der Fassaden, der auf den verschiedenen Funktionen beruht, die die »Quartiere« des Palastes erfüllen.
In Mallia scheint die Betonung der Eingänge nicht sehr unterschiedlich gewesen zu sein. Der Süd- und der Südosteingang mündeten direkt durch eine Vorhalle und einen Gang in den Mittelhof. Im Norden ist das System komplexer. Vielleicht sind hier einige Veränderungen vorgenommen worden. Von der »Straße zum Meer« betrat man zuerst einen kleinen Hof, begrenzt von einer rechteckigen Halle, und erreichte von da durch ein Vestibül und einen mit Steinfliesen gepflasterten Gang den großen Hof, wobei man an der westlichen Außenseite einer mächtigen dreischiffigen Säulenhalle entlangging, die durch zwei Reihen von drei Pfeilern begrenzt war. Sie stand mit dem Hof durch einen Zickzackgang in Verbindung, der wie ein Vestibül mit Pfeilern aussah. Gemäß einer Regel, die von da an gültig war, wurden die Seiten des Hofes, je nach ihrer Funktion, als Portikus oder Monumentalanlagen ausgeführt. In Mallia entwickelt die Ostfassade einen langen Portikus, wo Säulen und Pfeiler sich entlang der Magazine abwechseln, die in rechteckigen Sälen aneinandergereiht sind und präzis in die erste Periode des Palastes datiert werden können. Im Süden ist der Anblick schlichter. Eine lange Mauer ruhte auf einem massiven

7. Phaistos. Theater und Westhof des Palastes.
8. Phaistos. Westhof des Palastes.

9. Phaistos. Haupthof des Palastes.
10. Phaistos. Magazine des Palastes.

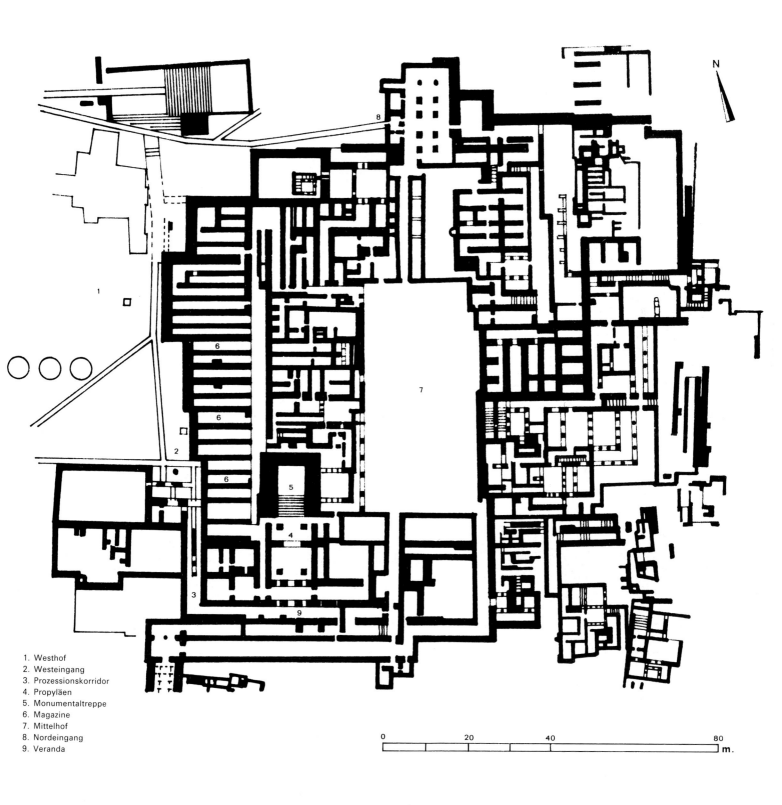

11. Knossos. Grundriß des Palastes.

1. Westhof
2. Westeingang
3. Prozessionskorridor
4. Propyläen
5. Monumentaltreppe
6. Magazine
7. Mittelhof
8. Nordeingang
9. Veranda

12. Knossos. Ansicht des Ostteils des Palastes.
13. Knossos. Südportikus des Palastes. Monumentaleingang.

Sockel und hatte große Öffnungen, die einer Reihe von Werkstätten Licht spendeten. Im Westen aber entsprach der monumentale Anblick dem Wechsel der Funktionen der Säle. Im Osten und Süden lagen die Nutzräume, im Westen die Prunkräume für religiöse oder Verwaltungsfunktionen. In der Mitte scheinen zwei Säle das Zentrum des offiziellen Lebens gebildet zu haben. Ein erster, dreischiffiger Saal, den man durch zwei Seitentüren betritt, könnte ein »Thronsaal« gewesen sein, der durch eine große Öffnung mit einem dahinterliegenden Pfeilersaal in Verbindung stand. Diese Gruppe wird von zwei bedeutenden Anordnungen gerahmt. Im Norden führte eine monumentale Treppe in den ersten Stock hinauf, der sich um eine Plattform herumzog, die etliche Stufen höher lag als der Hof, den sie beherrschte. Im Süden führte ein langer Gang zu den Magazinen im Westen, und eine andere, von mehreren Stufen umgebene Terrasse muß man ohne Zweifel mit einem Opfertisch in Verbindung bringen, der in den Fußboden am Fuß der Treppe eingelassen ist. Religiöse Feste und politisches Leben waren in diesem architektonischen Rahmen, der bescheiden die berühmten Anlagen von Knossos ankündigt, eng miteinander verknüpft.

Diese alten Elemente – wenig modifiziert durch Wiederaufbau und Vergrößerungen des Zweiten Palastes — finden wir in Phaistos wieder angewandt, auf der herrlichen Ebene, die die Messara überschaut und den großartigen Blick auf den Ida im Norden freigibt. Die Zugangswege, der Hof, ein Teil der Magazine und die ersten Bauteile gegen Südosten gehören zum ersten Zustand. Eine Gesamtkonzeption ist vorhanden. Der Hof zeigt, wie in Mallia, verschiedene Fassaden, ziemlich geschlossen und ein wenig roh nach Norden, mit einem engen Portikus aus stämmigen Pfeilern, die nach Osten zu enger stehen. Auf der Westseite sind die Räume für die Verwaltung und das öffentliche Leben, die im Zweiten Palast umgebaut wurden, als der monumentale Nordwesteingang und ein Teil der Esplanade auf den planierten Flächen des Ersten Palastes errichtet wurden.

Die großen Prinzipien der minoischen Architektur stammen also von den Erbauern der Ersten Paläste. Sie haben sowohl die Rolle, die der Hof als autonomes und wichtiges Element spielt, als auch das funktionelle Prinzip bestimmt, nach dem die »Quartiere« um den Hof herum verteilt sind, wo sich die Nutzarbeiten und die politischen, administrativen und religiösen Funktionen abspielten, und auch das Nebeneinander der Privaträume, der Prunkräume, der Magazine, der Läden. Gewisse Architekturformen sind schon voll ausgebildet: so der Gebrauch der Säule und des Pfeilers, ihre alternierende Stellung, in den Säulenhallen, die die Höfe umgeben, ihre Funktion bei der Raumteilung der Innensäle, ihre dekorative

14. *Knossos. Ebenerdige Magazine im Ostteil des Palastes.*

15. *Knossos. Mittelhof.*
16. *Knossos. Gebäude im Mittelhof des Palastes.*

17. *Knossos. Megaron im Obergeschoß.*

18. Knossos. Ostflügel des Palastes. Untergeschoß.
19. Knossos. Große Treppe im Ostflügel des Palastes.
20. Knossos. Loggia der königlichen Wache.
21. Knossos. Ostflügel des Palastes. Loggia der königlichen Wache.

Rolle bei den Loggien und Baldachinen von Mallia, die Technik der großen Steinplatten, die man als Unterbau der Mauern oder Joche benutzte, der Nutzen und monumentale Wert der großen Treppenaufgänge.

Die Erbauer der Zweiten Paläste entwickelten diese Techniken und Strukturen weiter und verstärkten sie. Sie erwarben dabei eine große Geschicklichkeit und Feinheit in deren Anwendung. Aber wir dürfen nicht vergessen, daß dies Gewinne der Kreter der Ersten Periode sind, die diese Erkenntnisse den großen Nachbarkulturen Ägyptens sowie der mesopotamischen und anatolischen Länder entlehnt haben. Man könnte den Pfeilersaal von Mallia mit den ägyptischen Sälen aus dem Beginn des Neuen Reiches in Verbindung bringen. Der abwechselnde Gebrauch von Säulen und Pfeilern ist am Nil nicht unbekannt. Man wird jedoch zögern, zu enge Verbindungen zwischen den erstern kretischen Palästen und den weitläufigen Gesamtbauten von Mari oder Mesopotamien herzustellen, denn wenn beim ersten Augenschein eine Verwandtschaft auffällig erscheint, so zeigt doch die Analyse der Konstruktionsprinzipien und der Techniken tiefgreifende Unterschiede: Die Rolle des Hofes hat nichts gemeinsam; die Fassaden sind glatter und geschlossener; die Säule wird nur dekorativ gebraucht; die Grundrisse der Säle und Wohnräume sind völlig verschieden.

Man könnte eher von Verbindungen nach Norden, mit den Architekturen von Tell Açana und von Beycesultan sprechen. Dort findet man, daß der Hof, der nicht mit einer Gruppe von Sälen verbunden ist, eine viel subtilere Rolle als Element der Gliederung zwischen den verschiedenen Teilen des Palastes spielt. Der Haupthof ist von Säulenhallen eingefaßt. Im Gegensatz zu mesopotamischen Bauten werden die Säulen auch weitgehend in den Innensälen verwendet, um sie zu vergrößern und zu beleben. Eine Architektur, die viel subtiler ist, viel animierter, viel luftiger und die Organisation des Raumes so begreift, wie es die Minoer taten.

Aber bevor wir das Aufblühen dieser Formen in den Zweiten Palästen studieren, müssen wir der Vorpalastzeit noch die Geburt und die Entwicklung eines echten Stadtlebens gutschreiben, das sich um den Palast herum entwickelte. Die jüngsten Ausgrabungen der letzten zehn Jahre zeigen – vor allem in Mallia – die großen Linien und selbst die präzisen Elemente einer Stadtlandschaft, in die der Palast sich an der ihm gebührenden Stelle integriert.

Ein Netz von Straßen strahlt von dem Palast aus, zum Meer hin, in die Ebene, zu den Nekropolen, die ihn umgeben. Es handelt sich hier nicht um eine geometrische, sondern um eine topographische und funktionelle Trasse, die den Stand der Gemeinschaft auf diesem Boden zur Bronzezeit spiegelt. Sie druckt die privilegierte Situation des Palastes und seiner Zugänge aus, aber ebenso auch die wichtige

22. Knossos. Ostflügel des Palastes. Blick von oben auf die große Treppe und das Untergeschoß.

Rolle eines der Öffentlichkeit dienenden Platzes mit den dazugehörigen Bauten.

Die Erforschung und die jüngste Veröffentlichung dieses Komplexes bilden einen reichen Beitrag zu der Stadtgeschichte Kretas in minoischer Zeit. Ein Platz mit Proportionen, die denen des Palasthofs vergleichbar sind (29,10 × 39,80 m), ist an drei Seiten – Nord, Süd und Ost – von einem etwa 1 m hohen Unterbau aus großen Steinplatten umgeben. Die Stärke dieses Unterbaus variiert zwischen 1,80 m und 3,50 m und hatte vielleicht Stufen, die den Rahmen abgaben für einen Versammlungsort, analog denen, die die archaischen Städte Kretas kannten, z.B. Lato und Dreros. Im Westen endeten schlecht zu bestimmende Gebäude gegen die Südwestecke mit einer kleinen, abgeknickten Säulenhalle. Im Süden, hinter diesem Unterbau, erstreckte sich ein Komplex von Sälen, die als Souterrain behandelt waren und eine Krypta bildeten, zu der man auf einigen Stufen hinabstieg.

Die Säle standen nach Osten zu mit einer Gruppe von rechteckigen Magazinen in Verbindung, die sehr sorgsam gebaut waren, vergleichbar den Magazinen des Palastes. Die stuckierten und mehrmals restaurierten Wände sowie eine Säule im ersten großen Raum beweisen den monumentalen Charakter dieses Gebäudes, dessen Krypta mit den kleinen Sälen, die hinter dem südlichen Unterbau des Hofes aufgereiht waren, auf einer Höhe gelegen haben muß. Obwohl ihre Struktur den zahlreichen Krypten, die wir aus minoischen Palästen kennen, vergleichbar ist, scheint die von Mallia nicht – urteilt man nach dem Mobiliar, das man bei den Ausgrabungen gefunden hat – die religiösen Aufgaben gehabt zu haben, die man den anderen zuschreibt. Ihre Beziehungen zu dem benachbarten Platz, der selbst wie eine Agora behandelt ist, und zu dem Palast rechtfertigen die Entdecker, dem Gebäude eine öffentliche Funktion zuzuschreiben.

Das Ganze enthüllt jedenfalls, daß in der minoischen Stadt ein Platz für das öffentliche Leben vorhanden war, der den Bürgern weit offenstand – nahe dem Palast, aber völlig von ihm unabhängig. Dies spricht zweifellos für eine politische Organisation, die weniger zentralisiert und hierarchisiert war, als man sich das bisher gedacht hatte.

Sowohl die Keramikfunde, die Untersuchung der übereinanderliegenden Schichten von Stuck und die Details der Konstruktion als auch die späteren Zustände des Quartiers lassen keinen Zweifel an der Datierung von Platz und Krypta aufkommen. Sie entstanden in mittelminoischer Zeit I und wurden bis zur spätminoischen Zeit I oder II gebraucht. Dann scheinen sie von anderen Konstruktionen überdeckt worden zu sein, als ob ein politischer Machtwandel das öffentliche Leben um den Palast herum konzentriert hätte.

23. Knossos. Das südliche Haus.

Die jüngeren Paläste
Eine Konzentration von Können und Macht entsteht seit 1700 v. Chr. rings um die Palastanlagen und setzt sich im 16. und 15. Jh. v. Chr. weiter durch. Sie führt zu einer bemerkenswerten architektonischen Entwicklung, sowohl der Paläste als auch ihrer Umgebung. Mallia dominiert in Ostkreta, Knossos und Phaistos in Mittelkreta. Vielleicht hat Knossos sogar eine Lehnsherrschaft über die anderen Gebiete ausgeübt. Dies ist der Augenblick, in dem der öffentliche Platz von Mallia und die zu ihm gehörigen Gebäude zu verfallen beginnen. Der Palast hingegen vergrößert sich, unverkennbares Zeichen einer politischen und sozialen Wandlung: Die Stadt selbst entwickelt sich und dehnt sich aus, ebenso wie die Stadt, die den Großpalast von Knossos umgibt. Man hat die Bevölkerung von Knossos auf etwa 100 000 Einwohner schätzen können, einschließlich der Bezirke, die eng um den Palast herumliegen, der Häuser der Reichen, die in kleinen Tälern der Umgebung, entlang der gepflasterten Staßen wohnten, und der Hafenbevölkerung, wo heute Heraklion steht. Gesicht also einer bedeutenden Haupstadt, Zentrum einer Kultur, deren Ausstrahlung die Stagnation der ägäischen Bezirke tief verändern wird, die sich nur schwer von den alt- und mittelhelladischen Kulturen lösen. Mykene ist dafür das leuchtende Beispiel.

Es wäre langweilig, die großen Paläste dieser Zeit und die Herrenhäuser ihrer Umgebung im einzelnen zu beschreiben. Diese Arbeit haben Spezialisten bestens erledigt. Es ist für uns nützlicher, hier die großen Züge der minoischen Architektur der Neueren Paläste aufzuzeigen und dies durch Beispiele zu illustrieren, die wir den verschiedenen Anlagen, vor allem in Knossos, dem prunkvollsten Bau seiner Zeit, entnehmen. Es sind dies: eine funktionelle und organische Komposition, unbesorgt um Begrenzung oder Symmetrie; Gebrauch der Säule, sei es allein oder zu Säulenhallen gruppiert, eine sehr kluge und oft gekünstelte Organisation der Baukörper und der Innenräume, ein ausgesprochener Geschmack für lineare und dekorative Strukturen, Freude an Vielfarbigkeit und Wandbemalung – dies sind die Regeln, die die Erbauer der kretischen Wohnhäuser aufgestellt haben, und deren Verwirklichungen, ob es sich um Paläste oder die Häuser der Reichen handelte, alle Aspekte des öffentlichen, religiösen und privaten Lebens integrieren.

Die funktionelle und organische Komposition
Der erste Eindruck beim Betreten eines minoischen Palastes ist der der Unordnung, des Gewirrs, der Verflechtung vielfältiger Elemente, die keinerlei Regel unterliegen. Dieser Eindruck entsteht durch das System der Aneinanderreihung und durch das Fehlen jeder

24. Knossos. Das restaurierte südliche Haus.
25. Knossos. Südportikus, von Osten.
26. Knossos. Haus des Reinigungsbades.

einheitlichen Fassade. Der Palast von Knossos ist über einem Rechteck von etwa 150 m West-Ost-: 100 m Nord-Süd-Richtung angelegt. Die Grenzen sind unsicher, da sich keine Fassade – außer im Westen – abzeichnet. Die Wohnungen und die Werkstätten kleben aneinander, bilden Auswüchse oder Einbuchtungen, die Eingänge selbst springen im Süden vor (große Stufengalerie) oder weichen im Westen zurück.

Nirgends ein durchgehender Zug, sondern eine gewundene Bewegung von Vorsprüngen und Einbuchtungen, die nur unterbrochen wird von dem mächtigen Sockel, gebildet aus Alabasterorthostaten von etwa 1 m Höhe, dort, wo er die westliche Esplanade begrenzt, von der die großen gepflasterten Straßen ausgehen. Er ruht auf einer vorspringenden Stufe und erhob sich als massiver Mantel, den keinerlei Öffnung im Erdgeschoß durchbrach. Nur im ersten Stock wurde die Fassade durch ein paar quadratische Fenster belebt, die durch Holzrahmen hervorgehoben wurden. Die Rauheit dieser Fassade wird zweifellos gemildert durch die Linien der Ankerbalken, die die Festigkeit des Mauerwerks sicherten, das aus Bruchsteinen mit Lehmzwischenlagen gemauert war. Einzelne Wände bestanden aus ungebrannten Ziegeln, die von Fachwerk zusammengehalten wurden. Hinter dieser Mauer waren die Magazine gereiht. Sie öffneten sich auf einen Nord-Süd-Gang, der ihre Bedienung gewährleistete. Die Dicke ihrer Mauern sollte dazu dienen, das Gewicht der Stockwerke zu tragen. Eine vergleichbare Lösung finden wir in Phaistos. Die minoischen Architekten hatten Gefühl für den monumentalen Charakter eines Eingangs. Sie bewiesen es, indem sie hier die Reste des ersten Palastes benutzten, die sie bis auf das Niveau des Unterbaus der Orthostaten planierten. Dann wurde das Ganze ausgefüllt und die dicken Mauern, die die Magazine umgeben und das Propylon einfassen, zurückgesetzt gebaut, um die Esplanade zu erweitern, welche im Norden die Stufen beherrschten, die für die Besucher der Feste reserviert waren. Sie ruhten auf einer Stützmauer für eine andere Terrasse. Man konstatiert hier wie in Knossos, daß sogar die Bodensenkungen den Außenkonturen keine Regelmäßigkeit aufzwingen. Sie werden im Gegenteil sorgsam ausgenützt, um die Bauten, die den innersten Kern des Hofes umgeben, in Terrassen oder Etagen zu gliedern.

Es scheint in der Tat, daß die Lage und die Rolle des Mittelhofes das einzige einigende Prinzip der Anlage ist. Aber diese Einheit ist rein funktionell. Sie leistet weder der Forderung nach Axialität noch der nach Symmetrie Folge. Die Einheit wird verwirklicht durch die Beziehungen und die Kommunikation der verschiedenen Quartiere des Palastes untereinander. Sie wird verkörpert durch die langen Korridore, die die Besucher des Palastes zuerst betreten. In Knossos

27. *Minoische Kunst: Stierkopf. Farbiges Stuckrelief aus dem Palast von Knossos. Heraklion, Museum.*

28. *Minoische Kunst: die »Blauen Damen«. Fresko aus dem Palast von Knossos. Heraklion, Museum.*

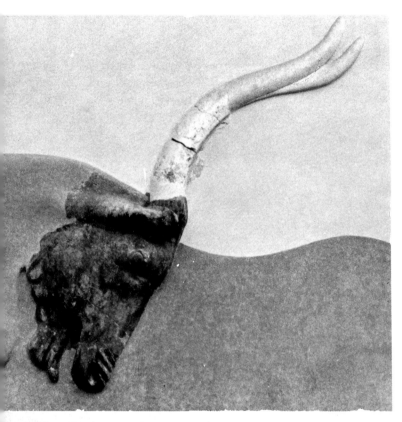

kennt man den berühmten Prozessionskorridor, der wegen seiner bildlichen Ausschmückung so benannt wurde. Er beginnt im entferntesten Eck der Vorhalle des Westeingangs, dessen Zugang durch zwei Joche erfolgt, die von einer Säule in der Mitte geteilt werden. Er verläuft etwa 27 m von Nord nach Süd, zwischen Wänden, die der Zug der Opferträger schmückte. Dann schwenkt er im rechten Winkel nach Osten und bildet einen weiteren Gang von 45 m Länge. Etwa in der Mitte dieses Weges öffnet sich der Absatz einer großen monumentalen Treppe, die zu den Prunksälen führt, welche einen großen Teil der Etage auf diesem Westflügel einnehmen. Der Prozessionskorridor wendet sich erneut im rechten Winkel – nun von Süden nach Norden – zum Mittelhof. Dieser letzte Richtungswechsel bildet eine Art Straßenkreuzung, wo auch der Zirkulationsstrom endete, der von Süden über die Monumentaltreppe – »Stufenportikus« genannt – gekommen war. Ein Stufenweg, als Portikus angeordnet, erreichte, ausgehend vom Talgrund, die Fluchtlinie der Südsäle des Palastes, wo er, etwas niedriger, parallel zum Prozessionskorridor verlief. Ein anderer Zugang, von Norden, entwickelte sich ebenfalls als ansteigender Korridor, begrenzt von einer Stuckgalerie, um wenig danach in die Achse des Mittelhofes zu münden.

Diese Passagen und Korridore trennten Gruppen von Sälen mit verschiedenen Funktionen. In Knossos wie in Mallia, Phaistos und Zakros waren die Räume für Geselligkeit, Kult, Empfänge und vielleicht für die Verwaltung auf der Westseite des Hofes auf zwei oder drei Ebenen angeordnet. Ihre offizielle Rolle wurde durch die Zahl der Loggien und der monumentalen Treppenaufgänge ausgedrückt, durch die Vestibüle mit einfachen oder dreifachen Säulen in ungleichem Rhythmus, die die Balkone und die Loggien der Stockwerke trugen. Die Fassaden waren bemalt und belebt und so behandelt, als ob ihr Niveau nicht unterbrochen wäre, die Motive reihten sich aneinander, ohne zu einer künstlichen Einheit zu verschmelzen; die Gliederung dieser Fassaden spiegelte die Verschiedenheit der Säle selbst und ihrer Funktionen. Wie wir in Mallia und Phaistos gesehen haben, wurde oft die unregelmäßige Anordnung der Wohnräume oder der Werkstätten im Süden und im Osten durch eine Kolonnade, die einen Portikus von geringer Tiefe bildete, versteckt.

Schließlich muß man noch von einem letzten Zug dieser Anlagen sprechen: der Bewegung. Den Verkehrsströmen verbunden, ist diese Anlage nicht abgeschlossen. Sie öffnet sich jeden Augenblick nach außen durch ein kluges Spiel von Portikus oder Loggien, von denen aus die Landschaft sich als präzises und begrenztes Bild darbietet. Die besten Beispiele hierfür treffen wir in Knossos, im Westen, wo die Wohnräume und die »kretischen Magazine« von

Terrassen und Loggien eingefaßt sind.
Ebenso ist es in Phaistos, nach Norden und Osten zu. Die Behandlung der Säle, denen ein rechteckiger Portikus vorgelagert ist, der eine fortschreitende Öffnung des inneren Lichtschachts zur vollständig freiliegenden Außenterrasse hat, gewährleistet eine enge Verbindung zwischen der Anordnung der Wohnräume und der Landschaft. Die Beziehungen sind oft noch subtiler, so z.B. bei der »Karawanserei«. Sie liegt im Tal, im Süden des Palastes von Knossos, und ist um einen Hauptsaal herum organisiert, mit einer Kolonnade, die im Norden weit vortritt. Der Blick ruht mit Freuden auf dem belebten und pittoresken Anblick der Masse des in Stufen aufsteigenden Palastes, der sich an die Flanken des Hügels schmiegt. Der feine Sinn für die Bildekoration, von der wir noch sprechen werden, kann keinen Zweifel über die Absichtlichkeit einer solchen Komposition lassen.

Säule, Pfeiler und Portikus
Die Geschmeidigkeit und Bewegung, die die Originalität der architektonischen Komposition ausmachen, finden in den Strukturen mit Säulen und Pfeilern ein Ausdrucksmittel, das einem ebensolchen Geist entspricht. Schon bei den Palästan der ersten Zeit sahen wir die Anziehung, die Portikus, Säulenfassaden und das Spiel der Pfeiler ausübten.
Man begegnet dem Motiv gleich beim Eintritt in den Palast. Im Westpropylon von Knossos, in dem von Phaistos, bei den Eingängen zum Kleinen Palast von Knossos und im Innern, besonders in den Prunksälen von Mallia und Knossos, wo die großen Zugangstreppen eine Fassade mit einer Mittelsäule enthalten, die den Eingang in zwei Teile teilt. Zahlreich sind auch die Säle, die halb im Souterrain liegen, wie die auf verschiedenem Niveau, die mit einer oder mehreren Säulen ausgestattet sind. Viel subtiler und gewählter sind die Wirkungen, die durch den Gebrauch von Säulenhallen erzielt werden oder durch Innenteilung mittels Pfeilern. Durch sie zeichnen sich die Züge des »kretischen Megaron« ab, von denen der Große und der Kleine Palast in Knossos und Phaistos die raffiniertesten Typen vorstellen. So die Halle der Doppeläxte im Wohnteil des Palastes des Minos. Der Hauptsaal, der seine Innenbeleuchtung durch einen Lichtschacht erhält, durch ein dreifaches Joch zwischen zwei Säulen, ist zweigeteilt durch rechteckige Pfeiler, die vermutlich eine bewegliche Mittelwand hatten. Der zweite Teil des Saales grenzt durch eine rechteckige Anordnung von drei Pfeilern, von denen zwei auf der einen, einer auf der anderen Abzweigung standen, an den anderen Raum. Diese Abzweigungen sind durch einen kräftigen Eckpfeiler artikuliert. Schließlich der Außenraum, auch er, im rechten Winkel behandelt,

29. Zakros. Übersicht der Grabung.
30. Hagia Triada. Lage der Villa.

31. Gurnia. Plan der Stadt.

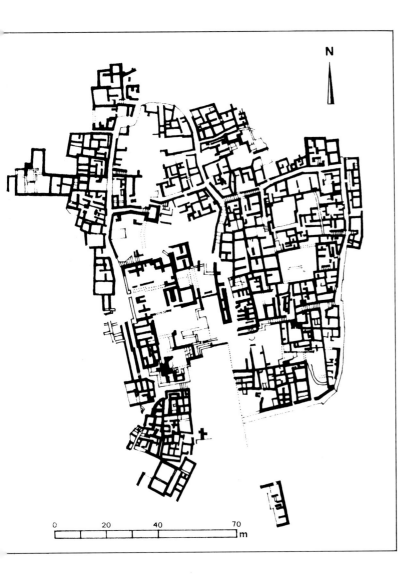

getrennt von der offenen Terrasse durch einen abgewinkelten Portikus mit drei Säulen auf jeder Abzweigung und einem großen Eckpfeiler. Der Kleine Palast bietet eine erfreuliche Variante des gleichen Prinzips. Das Megaron ist auf Tiefe angelegt. Die beiden Teile des großen Saales sind ebenfalls durch drei rechteckige Pfeiler getrennt. Er erhält sein Licht durch Säulenjoche über einem seitlichen Lichtschacht. Der Zugang ist in Form eines Peristylhofes behandelt mit einem kleinen Portikus aus drei Säulen auf den vier Seiten. Die Komposition verlängert sich um einen neuen angeschlossenen Pfeilersaal, der sein Licht aus einem seitlichen Lichtschacht empfängt. Man kann sich leicht den ursprünglichen Rhythmus und Reiz einer solchen Komposition vorstellen.

In den Häusern und Villen findet sich oft, daß der innere Säulenhof dazu benutzt wird, die Wohnräume gleichzeitig zu beleuchten und zu belüften. Die Baumeister von Phaistos haben davon häufig Gebrauch gemacht, insbesondere im Norden, wo diese Höfe den Rhythmus des Mittelhofes weiterführen und mit dem Megaron, das sie im Norden begrenzt, als Überleitung dienen zu dem Ausblick auf die majestätische Silhouette des Ida.

Auch die Säulen und Pfeiler sind in der Form von Säulenhallen zusammengestellt. In Mallia und Phaistos begrenzen sie einige Partien des Mittelhofes. Beide Male stehen sie in Beziehung zu den Nordzugängen des Palastes. In Knossos erhält der Portikus, der den Nordeingang begrenzt, eine monumentalere Funktion. Er hat ein doppeltes Schiff und ist eine wirkliche Gemäldegalerie mit dem Bild eines Stierkampfes.

In der Villa von Hagia Triada, nicht weit von Phaistos, wird der Portikus ein unabhängiges Gebäude, das sich auf einen Platz öffnet. Er verdeckt eine Reihe kleiner Säle, eine Art Prototyp der Säulenhallen aus Zimmern, wie sie verschiedentlich in griechischen Städten im Verlauf der folgenden Jahrhunderte benutzt wurden.

Eine glückliche Wirkung ergeben die stämmigen Säulen, die auf einem Unterbau ruhend die Treppenrampen begleiten. Zwei Lösungen aus Knossos sind beispielhaft. Im Westen des Hofes ist das Wohnhaus des Fürsten in fünf Ebenen auf den Hängen des Hügels angelegt. Zwei davon zweifellos oberhalb des Niveaus des Hofes, eine auf dem Niveau des Hofes und zwei darunter. Eine große Treppe mit zwei Treppenläufen auf jedem Stockwerk, die um einen Lichtschacht herum angelegt ist, entwickelt sich in aufeinanderfolgenden Absätzen.

Noch in Knossos war der schon genannte Treppenportikus im Süden des Palastes mit identischen Motiven behandelt: gedeckte Treppe, deren Bedachung von einer Doppelreihe von Säulen getragen wurde. So war der Blick frei auf die Landschaft und die Südfassade des Palastes.

32. Tiryns. Außenmauern.
33. Tiryns. Palast, Erdgeschoßgrundriß.

Organisation der Baukörper und Innenräume

Das Aneinanderreihen von Räumen, das die minoischen Architekten anwandten, hatte eine unterschiedliche Behandlung der verschiedenen Teile des Palastes zur Folge. Daraus ergab sich ein ziemliches Mißverältnis zwischen den Massen und den Ebenen, das zunächst den Eindruck einer fast anarchischen Anhäufung bewirkt. Dieser Eindruck entspricht in den Randzonen zweifellos der Wirklichkeit. Aber je mehr die Ausgrabungen eine Rekonstruktion der Aufrisse gestatten, können wir einige der Verfahren erkennen, mit deren Hilfe man versuchte, den Anblick einer unerfreulichen Ungleichheit zu vermeiden. Die minoischen Architekten zögerten nicht, mit vollen Volumina und blinden Oberflächen zu spielen. So bietet sich die Westfassade des Palastes von Knossos dar, so die Südseite des Hofes von Mallia, so die Nordumrandung des Hofes von Phaistos. Es sind Massivbauten, auf einem Unterbau von Orthostaten, aufgelockert nur durch einige Vorsprünge im Verlauf der Mauer und zweifellos durch Öffnungen und deren Holzrahmen.

Das Spiel der verschiedenartigen, belebten Fassaden enthüllt seine ganze Feinheit in den monumentalen Umrandungen der großen Höfe, immer im Westen, sowohl in Knossos wie in Phaistos und in Mallia. Der Rhythmus ist hier sehr verschieden, und die Komposition wechselt zwischen Lücken und ausgefüllten Räumen auf verschiedenem Niveau, die durch Terrassen und Loggien gebildet werden, oberhalb der monumentalen Treppenrampen. In Phaistos ist der Nordteil der Westbegrenzung mit einem Motiv aus Säulen und Pfeilern behandelt, die abwechseln und sich zu einem großen Saal hin öffnen, der durch zwei Mittelsäulen in zwei Schiffe geteilt ist. Dann betritt man durch einen Durchgang mit Pfeilern und Säulen einen langen Korridor, der in das Halbdunkel der Magazine führt. Auf diese bewegte Zone folgten, so scheint es, glatte Oberflächen, deren Einzelheiten wir nicht kennen. Ebenso ist es in Mallia; aber hier spielen schon die verschiedenen Ebenen mit. Die Mittelzone war eben, am Rande von einer langen Mauer eingefaßt, die den großen »Thronsaal« isolierte. Aber hie und da gab es Zwischenräume, im Norden durch zwei Reihen von Stufen, von denen die eine zu einer Plattform mit einem einzigen Pfeiler in der Mitte aufsteigt, die andere eine Treppenrampe ist, die zweifellos zu einem Stockwerk hinaufführt. Im Süden nahmen die Stufen, entlang der geraden Mauer, den Platz ein, den der Rücksprung der Säle des südwestlichen Bezirks freigelassen hatte. In Knossos zeigt sich am besten, wie geschickt und kühn die Architekten waren. Auf einer geraden Fluchtlinie entwickelt sich ein doppelter Rhythmus von Pfeilern beiderseits des Hauptelements, das den Zugang zum Thronsaal und zu kleinen Heiligtümern bildet:

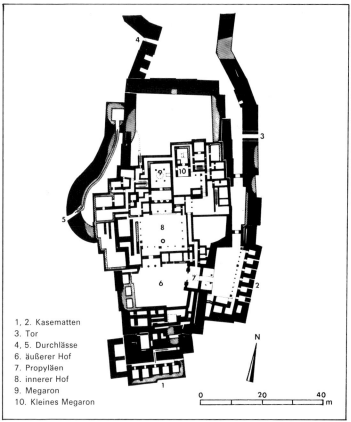

1, 2. Kasematten
3. Tor
4, 5. Durchlässe
6. äußerer Hof
7. Propyläen
8. innerer Hof
9. Megaron
10. Kleines Megaron

34. Tiryns. Kasematten.

35. Mykene. Kyklopenmauern und Löwentor.

Fassaden mit einem einzigen Pfeiler, eingefaßt von zwei massiven Anten. Im Süden bilden die Pfeiler einen regelmäßigen Rand, um die Rücksprünge und Passagen zu verdecken, die schlecht aufeinander abgestimmt sind. Im Norden wird der Rhythmus der Pfeiler durch ihre Integration in Treppenrampen belebt: zuerst ein Pfeiler, dann drei Pfeiler, die alle auf Zwischenstufen stehen. Die Rücksprünge im Erdgeschoß waren im Obergeschoß durch den Wechsel von Balkonen, einfachen Fenstern oder Loggien betont. Eine malerische Architektur, die mit Räumen und mit Lücken spielt, Gegensätze von Licht und Schatten schafft, mit Entsprechungen auf der vertikalen und der horizontalen Ebene.

Die gleiche Geschicklichkeit zeigt sich bei der Anordnung der Innenräume. Wir haben schon den Grundriß des »kretischen Megaron« gesehen und die Durchgänge, die nuanciert und abgestuft sind durch das lebhafte Licht von draußen bis zum Halbdunkel, das durch die Lichtschächte bestimmt wird. Unserer Meinung nach ist das Meisterwerk dieser Kunst die große Treppe im Ostteil. Sie wickelt ihre aufeinanderfolgenden Treppenfluchten, die mit Säulen geschmückt sind, um einen Lichtschacht herum ab, der auf den Seiten gegenüber der Rampe eine Loggia hat, von wo sich die Gänge ablösen, die zu den Wohnräumen führen. Ein erstaunlicher Eindruck von Gleichgewicht, Leichtigkeit, ja Subtilität und Kühnheit ergibt sich aus dem kunstvoll beherrschten Rhythmus, der ganz von der Bewegung inspiriert ist, die diese Komposition belebt, deren Zauber nicht in dem Umfang der Volumina liegt, sondern in der Feinheit des Entwurfs.

Die dekorativen Werte, Polychromie und Wandmalerei
Wenn der minoischen Architektur das Bemühen um Baukörper nicht unbekannt war, noch die subtile Kunst, die Innenräume harmonisch zu behandeln, so erscheint sie doch als die privilegierte Domäne der linearen und malerischen Komposition. Die Bautechnik selbst und die Natur des Materials begünstigen die Entwicklung einer polychromen Ästhetik. Das Fachwerk, das die Konstruktion aus Steinen und Lehm stützte, die Grundmauern aus großen wohlzusammengefügten Kalksteinen, die geometrischen Holzrahmen der Türen und Fenster, das Spiel der Pfeiler und Säulen, die ebenfalls aus Holz gefertigt waren, die geradlinigen Konturen der Fassaden und der Dächer, die als Terrassen mit verschiedenem Niveau behandelt sind, das sich aus ihrem Nebeneinander ergibt, legten die Suche nach Gegensätzen, nach Polychromie und nach malerischen Effekten nahe. In der Vorpalastzeit, vielleicht unter dem Einfluß der ägyptischen Malerei, erheiterten auf Gips gemalte Wandbilder die Innensäle, aber die große Freskomalerei ist erst ab 1600 v. Chr. belegt.

Wie die Architektur ist sie lebhaft und reich an Bewegung. Sie belebt und ergänzt die architektonischen Strukturen. Säulen und Pfeiler, Ankerbalken, Fensterstürze und Pfosten, alle diese Elemente aus Holz bildeten mit der lichten Malerei die wirkungsvolle Dekoration. Der braune oder rote Grund, wie auf der Treppe und im Gang zur Halle mit den Doppeläxten, setzte diese Motive ins rechte Licht, insbesondere die großen Schilde mit den einfachen Linien. Ein charakteristischer Zug dieses Schmuckes, der den architektonischen Formen gut angepaßt ist, ist das Fehlen der Begrenzungen. Die Ecken bleiben unbeachtet, um nicht die Bewegung zu unterbrechen, die den Zug der Benutzer begleitet. Die Technik des großen Prozessionsfreskos in dem langen Gang der mittleren Vorhalle ist beispielhaft. Einer konstanten Regel folgend, sind die figürlichen Szenen als Fries behandelt, hier als Doppelfries übereinander. Der Aufmarsch der Träger der Opfergaben folgt der Bewegung der Passanten von der Tür bis zur großen Staatstreppe des Südsektors. Er begleitet den Weg der Besucher und wird selbst gewissermaßen unterstützt von einem blauen, schwingenden Band in mittlerer Höhe. Über und unter der Linie der Schurze der Männer ist es gelb gehalten, im Gegensatz zu deren rotem Fleisch. Die schwingenden Linien dulden keinen Schnitt an den Ecken; so stellt sich die Einheit der Bewegung zwischen den Personen des Frieses her: Der Fries selbst ist in die Entfaltung des Innenraumes einbezogen.

Andere Fresken, wie die Versammlungen der Männer und Frauen, die auf Stufen zusammengedrängt sind und, von architektonischem Dekor umrahmt, einer religiösen Feier oder Spielen beiwohnen, bringen den Wirbel eines farbigen und sicher lärmenden Lebens in den Palast selbst hinein. Das Geraschel von Röcken, ein Echo

36. Mykene. Löwentor.

der Schreie und Unterhaltungen zittert in diesen Bildern nach, wo dem Beschauer Einheit und Kontinuität der Bewegung suggeriert werden, sei es durch die unterschiedliche Haltung, sei es durch die Oberkörper und Köpfe, die sich alle nach einer Richtung drehen und auf eine sehr südländische Weise agieren. (Wir kennen alle den Erfolg, den die »Pariserin« seit ihrer Entdeckung um 1900 bis heute davongetragen hat.)

Die Architekturkomposition war vor allem darauf bedacht, die Innenräume mit der Landschaft zu verbinden, die Übergänge zwischen beiden zu beherrschen. Die Fresken von Amnisos, die Landschaftsszenen von Knossos, mit dem blauen Vogel, der zwischen Blumen aus Muscheln auffliegt, die blauen Affen in einer bezaubernden Phantasielandschaft, die Seestücke, antworten auf die gleiche Vorliebe. Diese Fresken öffnen und erhellen die Innenräume. Jahrhunderte später sollten Landschaftskompositionen in den Villen von Pompeji Gärten und Peristyle ergänzen, um den Horizont zu weiten, den Blick über die Mauer hinauszuführen, die aufgelöst wird.

Man wird bestimmt nicht die hieratischen Szenen vergessen und die, deren Themen enger begrenzt sind, die den »Thronsaal« in Knossos schmücken. Er war vielleicht eher ein Kultsaal, mit einem Sitz für den Priester, in das Halbdunkel der Pfeilervestibüle zurückgelegt, die ihn vom Heiligtum zurückdrängen, dessen Fassade als Zentralmotiv der Westumrandung des großen Hofes wiederhergestellt ist. Aber selbst diese Szenen, mit verlangsamter Bewegung, doch nicht völlig statisch, sorgfältiger begrenzt als die Friese, sind der Funktion der Säle und ihrer Struktur angepaßt. Die Malerei trennt sich nicht von der Architektur.

Beide sind eng vereint in der gleichen Konzeption des Raumes, den sie teilen und beleben. Beide sind sie bemüht, ihn nicht zu begrenzen, ihn der ständigen Bewegung des Lebens zu unterwerfen, ihn abzuwandeln, ihn zu verschatten oder zu erhellen, um aus ihm den Rahmen für eine Gesellschaft zu machen, in der Mann und Frau sichtlich mit Freude und Intensität lebten.

DIE MYKENISCHE ARCHITEKTUR

Dieses Leben scheint mit einem Schlag um 1400 v. Chr. zu erlöschen oder doch wenigstens sich zu verdunkeln und zu verlangsamen. Das minoische Erbe wird zum Teil von einer kontinentalen Kultur assimiliert und einer griechischen Bevölkerung eingepflanzt, wie dies ihre kürzlich entzifferte Sprache erweist. Diese Bevölkerung blühte auf dem Peloponnes und vor allem in Argolis, wo Mykene das Zentrum dieser Kultur wurde und ihr seinen Namen gab.

37. Mykene. Eingang zur Perseiazisterne.

38. Mykene. Abstieg zur Perseiazisterne.

Wer von Kreta kommt und vor das Löwentor von Mykene tritt oder die befestigten Aufgänge zum Palast von Tiryns hinaufgeht, hat unmittelbar den Eindruck einer neuen Welt und einer sehr anderen Architektur, selbst wenn er im Inneren Formen und Elemente wiederfindet, die ihn an die minoische Architektur erinnern. Die Zerstreuung, die schwingende Ausdehnung der kretischen Paläste, alles weicht hier der Konzentration. Der Raum ist durch eine mächtige Umgürtung begrenzt. Die Zugänge mit den Verteidigungsbastionen, den Zwischenwällen, die die einzigen Zugangswege schützen, die stark befestigten Tore sind gegen Überraschungen gesichert. Es ist eine Architektur des Kriegerkönigtums, des Eroberers, des Herrschers. Nach Feudalart ist sie auf beherrschenden Positionen errichtet, deren Hänge nicht mehr von einem subtilen Stockwerksbau besetzt sind, mit gegen die Landschaft hin offenen Räumen, wie in Knossos. Nein, Zyklopenmauern aus kaum behauenen, aber geschickt zusammengefügten Steinen sind von nur wenigen Ausfalltoren durchbrochen. Befestigte Treppen gehen von ihnen aus, manchmal in Form von Kasematten wie in Tiryns, deren spitze Gewölbe durch mächtige Blöcke geschlossen sind, die im flachen Winkel aneinanderliegen. In diesen Mauern öffnen sich die Türen nach innen, und der Zugang wird von Verteidigungsanlagen beherrscht, die über dem Angreifer aufragen. Der Durchgang wird von Monolithpfeilern gerahmt. In Mykene ist der Türsturz noch *in situ* und trägt ein 3 m hohes Relief, das das Entlastungsdreieck ausfüllt, das über einer solchen Spannweite notwendig ist. Zwei Löwen stehen rechts und links von einem Pfeiler mit Kapitell und Bekrönung; sie sichern den religiösen Schutz der Zitadelle. Im Innern der Zitadelle befanden sich die Nutzbauten in der Nähe des Palastes, der sich auf wenige Häuser rund um das Megaron beschränkte. In Mykene lehnte er an einer halb eingestürzten Terrasse. Tiryns bietet auf seiner kleinen Plattform, die nur 26 m über der Ebene von Nauplia und Argos liegt, das beste Beispiel eines mykenischen Palastes.

Wir dürfen hier nicht den Palast von Pylos vergessen, die Reste der Befestigungen von Athen, die noch ungesicherten Spuren des Palastes von Theben, der sehr bedeutungsvoll zu sein scheint, die Befestigungen von Gla, die Ruinen von Malthi. Aber man kommt immer wieder auf Tiryns zurück, dessen Plan sich wie ein Aufriß liest, in der Einheit seiner Konzeption, aus dem 13. Jh. v. Chr. Eine lange Rampe, von zwei Zwischentoren unterbrochen, führt zu dem einzigen Eingang – abgesehen von einigen Ausfallpforten an der Ostflanke zur Südspitze des Hügels hin –, wo man durch eine Tür, die von Wachen wohl behütet war, den ersten Hof betritt. Diese Esplanade scheint von Verteidigungswerken auf verschiedenem Niveau umgeben gewesen zu sein, mit Kasematten, die im Osten

39. Mykene. Abstieg zur Perseiazisterne.

40. Pylos. Palast des Nestor. Thronsaal.
41. Pylos. Palast des Nestor. Baderaum.

und Süden den Zugang zum Fuß der Mauer überwachten. Auf der Nordseite der Esplanade öffnet sich ein Säulenpropylon, schon mehr griechisch als minoisch, mit seinen zwei Hallen mit Doppelsäulen, angelehnt an die Zentralmauer. Dann betritt man den Hof, der auf drei Seiten, Ost, West und Süd, von Säulenhallen umgeben ist, während sich im Norden die Front des Megaron erhebt, des Hauptelements des Palastes, um das herum sich die Wohnbauten drängten. Sehr verschieden vom kretischen Megaron ist der mykenische rechteckige Saal völlig geschlossen. Ein doppeltes Vestibül ist ihm vorgelagert, das erste mit Doppelsäule zwischen Anten, das zweite gibt den Zugang durch eine einzige, in der Mittelachse liegende Tür zu dem Hauptraum frei, der traditionellerweise einen Herd enthält und vier Säulen, die ein Quadrat bilden, um ein Kuppeltürmchen zu tragen, das sich über dem Terrassendach erhebt. Sowohl die Wandfresken, deren Themen hauptsächlich kriegerischer Art sind, als auch die Böden und die Stuckarbeiten erinnern an die minoischen Techniken und Dekorationen. Wenn die Mykener, weit mehr als die Minoer, wußten, wie man die großen Steine, bald in polygonaler, grob behauener Form, bald in regelmäßiger Abstufung, wie wir es in den Tholos-Gräbern sehen werden, verwendet, so kannten sie gleichzeitig doch auch die übliche Steinmetzarbeit an Mauersteinen, die in Lehm eingebettet und von Ankerbalken in der Horizontalen und Vertikalen gehalten wurden. Eine solche Mauer erforderte den Belag mit Putz und Stuck; die Mykener haben auch den Schmuck durch Wandfresken übernommen, als sie ihn bei den Kretern kennengelernt hatten. Wenn auch der Portikus, die Säulenpropyläen, die Vestibüle und die Nebengebäude von Kreta übernommen waren, so bleibt doch das Prinzip der Baukonstruktion der kontinentalen und einheimischen Tradition treu. Die Rolle des Megaron als Mittelpunkt wird uns besonders klar in Pylos, wo die Masse des Megaron abgelöst ist von den seitlichen Korridoren, die die Verbindung zu den kleinen Zimmern gewährleisten, die um das Megaron herumgelagert sind. Der Hof selbst ist ein Annex an das Megaron. Er bildet den Zugang dazu und setzt dessen Fassade ins rechte Licht. Er hat keinerlei strukturelle Rolle analog der, die er im kretischen Palast spielte. Daraus ergibt sich eine hierarchisierte, fortschrittliche und geordnete Komposition um das Megaron herum mit einem Zug zum Monumentalen und zu privilegierten Volumina, die der minoischen Architektur fremd ist.
Die Freude am Monumentalen kommt ganz besonders in den Tholos-Gräbern von Mykene zum Ausdruck, von denen das »Schatzhaus des Atreus« das gelungenste Beispiel bietet. Ein langer Gang, der Dromos, ist ungedeckt in die Flanke des Hügels geschnitten und bildet einen Weg von etwa 35 m Länge und 6 m

42. Mykene. Kuppel im Schatzhaus des Atreus.
43. Mykene. Schatzhaus des Atreus. Dromos.
44. Mykene. Schatzhaus des Atreus. Innen.

Breite. Er wird von zwei Mauern aus regelmäßigen Blöcken begrenzt, die sorgfältig zugerichtet und aufgeschichtet sind. Am Ende erhebt sich die Front der Tholos, mehr als 10 m hoch, geschmückt mit applizierten Säulen und inkrustierten Motiven. Das Tor ist monumental: 5,40 m hoch und 2,70 m breit. Es wird bekrönt von einem Sturz aus einem einzigen Stück, der die ganze Höhe des Einschnitts und die ganze Tiefe des Durchgangs ausfüllt. Das Entlastungsdreieck darüber nahm den Säulchenschmuck aus grünem Stein, Spiralenmotive und geometrische Figuren, auf. Das Innere der Halle ist eindrucksvoll: Kreisrund, mit 14,50 m Durchmesser, erhebt sie sich als unechtes Gewölbe 13,50 m hoch, gebildet durch 33 Lagen ringförmig gemauerter, vorgekragter, regelmäßig behauener Steine, in einer Kurve von vollkommener Eleganz. Selten haben sich Kunst, Technik und Proportion in so vollendeter Harmonie gefunden. Zahlreiche Regionen der mediterranen Welt wurden im Verlauf des 14. und 13. Jhs. v. Chr. vom mykenischen Erbe geprägt. Aber heftige Erschütterungen, sei es durch neue Wellen hellenischer Völker, der Dorer, sei es durch Aufstände, wie man jetzt glaubt, sollten dann den Sturz der Macht Mykenes herbeiführen und es von der Karte der Kulturen auslöschen. Die Macht und die Kraft seiner Architektur aber, die Dynamik seiner Expansion, von der die Homerischen Gedichte ein fernes Echo bewahren, konnten nicht ohne Einfluß auf die Geburt der griechischen Kunst bleiben. Man diskutiert noch, und es ist nicht leicht auszumachen, welchen Anteil das mykenische Erbe an den fortschrittlichen Erfindungen der griechischen Architektur in ihren Anfängen hat. Wir müssen uns nun mit ihnen beschäftigen, nachdem wir einige Jahrhunderte übersprungen haben, besonders das 11. und das 10. Jh., die noch immer im Dunkel liegen.

GEBURT UND ENTWICKLUNG DER ARCHITEKTUR DER GRIECHISCHEN STADT

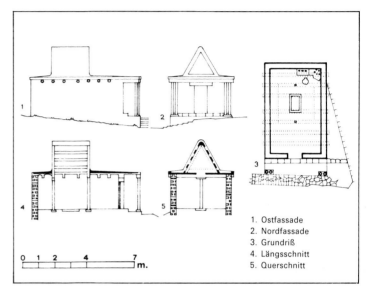

45. Dreros, Kreta. Rekonstruktion eines Tempels.
46. Votiv-Ädikula aus dem Heraion von Argos. Athen, Nationalmuseum.

1. Ostfassade
2. Nordfassade
3. Grundriß
4. Längsschnitt
5. Querschnitt

Von einem Ende zum anderen in jenen Bezirken um das Mittelmeer, die später die »griechische Welt« bilden sollten, provoziert der Zusammenbruch der mykenischen Kultur Wanderungen von Völkern, die die Leere anzieht oder die von Schwierigkeiten innerer oder äußerer Art veranlaßt werden, von einer Küste der Ägäis zur anderen hinüberzuwechseln. Dorische Invasionen aus dem Norden, Bewegungen der Achäer und ionische Wanderungen, nur wenige Gebiete bleiben von diesen Erschütterungen verschont, die der künstlerischen Schöpfung, und insbesondere der Architektur, so wenig günstig sind. Nur das Kunsthandwerk, die Keramik vor allem, gestattet uns, Fäden zu knüpfen, die diese dunklen Perioden abstecken, während derer vom 11. bis 8. Jh. v. Chr. die griechischen Völker ein neues Gleichgewicht suchen und ihre politischen und sozialen Strukturen erproben, aus denen die Polis entstehen soll, die griechische Stadt, eine urtümliche und fruchtbare Form, wo die prägnantesten Werke der Kunst und Architektur erblühten.

Sie ist eine soziale und politische Gemeinschaft, von der wir uns aus den letzten Gesängen Homers und den Gedichten Hesiods ein Bild machen können. Ihr Gleichgewicht ist noch labil und das Verhältnis zwischen Familienstrukturen und den ersten größeren sozialen Gruppierungen oft gestört. Die Gruppen sind durch gemeinsame Interessen, zwischen den großen landbesitzenden Familien und den kleinen Leuten, Meiern oder Eigentümern eines kleinen Besitztums, gebunden. Es ist eine Gesellschaft, in der die politischen Rechte vom Besitz und der Familienzugehörigkeit abhängen.

DIE URSPRÜNGE

Die Architektur, die aus diesen Gemeinschaften erwächst, ist zunächst praktisch und zweckgebunden, ohne Ehrgeiz zum Monumentalen. Das Haus der Götter war nach dem Bild der Zelle geformt, in der der sterbliche Mensch hauste.
Diese Architektur hat nichts mit der hohen Tradition der mykenischen Paläste gemein. Einzelne Beispiele oder Anlagen, wie das antike Smyrna, erwecken die ersten Formen einer Renaissance. Man baut isoliert und autonom. Das Haus hat nur ein Zimmer; es ist elliptisch, rechteckig, dann mit einer Apsis versehen. In Smyrna sind die beiden ersten Typen die ältesten (11. bis 9. Jh. v. Chr.). Die Apsis gehört in die letzte Periode der geometrischen Kunst (Ende 9. bis Anfang 8. Jh. v. Chr.). 5 bis 7 m lang und 3,50 bis 4 m breit an der breitesten Stelle, wird das Haus aus ungebrannten Ziegeln oder im Stampfbau ausgeführt; es ruht auf einem Unterbau von Steinen oder Bruchsteinen. Sehr früh erhält diese Steinschicht

47. Prinias. Tempel A. Rekonstruktion der Fassade und Grundriß.
48. Prinias. Architrav des Tempeleingangs. Heraklion, Museum.

49. Thermos. Plan der aufeinanderfolgenden Bauten des Apollotempels.
50. Samos. Das Heraion im 7. Jh. v. Chr.

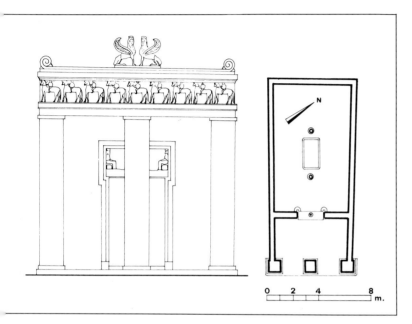

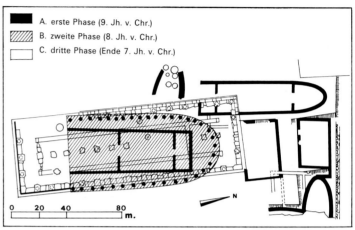

A. erste Phase (9. Jh. v. Chr.)
B. zweite Phase (8. Jh. v. Chr.)
C. dritte Phase (Ende 7. Jh. v. Chr.)

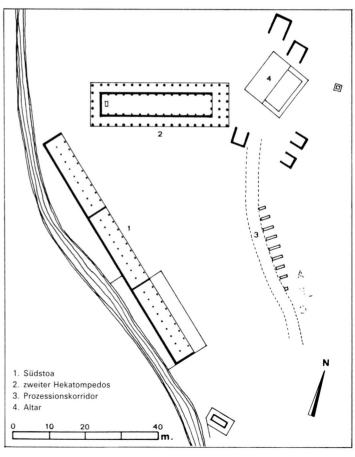

1. Südstoa
2. zweiter Hekatompedos
3. Prozessionskorridor
4. Altar

51. Samos. Plan des Heratempels. Erbaut von Rhoikos und Theodoros.
52. Samos. Heratempel. Erbaut von Polykrates. Grundriß.
53. Eretria. Erster Tempel des Apollo Daphnephoros. Grundriß.

Bedeutung und wird aus behauenen Steinen errichtet, dann aus Orthostaten, großen Platten, die auf der Erde stehen und deren Gebrauch sich während des ganzen Verlaufs der griechischen Architekturgeschichte erhalten wird. Im Inneren werden Holzpfeiler auf die Hauptachse gestellt, um ein rudimentäres Gebälk zu tragen, das aus einem Firstbalken besteht, von dem Seitenteile abzweigen.

Das Dach ist ein Doppelwalm, wie es die Votiv-Ädikula von Samos zeigt. Es ist aus Stein. Halten wir fest, daß in Smyrna, wie in dem kleinen Tempel des Apollo Daphnephoros, der in Eretria entdeckt wurde, die Anlage dieser Innenpfosten nicht symmetrisch ist. Ein Pfosten steht am einen, ein Doppelpfosten am anderen Ende. Man muß sich vorstellen, daß auf diesem Doppelpfosten ein Querbalken ruhte, der eine schwerere Last trug, denn auf ihn werden sich alle Stücke eines radial angeordneten Dachgebälks aufstützen, das der Verstärkung des Walms entspricht, während am anderen Ende, an der Fassade, der Dreiecksgiebel erscheint, verbunden mit dem Giebel des Satteldaches. Die Votiv-Ädikulen aus Terrakotta von Perachora und von Argos legen eine solche Wiederherstellung nahe und rechtfertigen sie. Diese Anlage ist noch bis zum 6. Jh. v. Chr. in dem Schatzhaus des Heraion am Silarus nahe Paestum nachweisbar.

Die Geburt des frontalen Giebeldreiecks, oft verbunden mit einer Öffnung, die den Dachboden erhellt und ihn bewohnbar macht, ist mit der Erweiterung des Apsidengrundrisses verbunden. Die langen Seiten sind kaum eingekurvt, die hintere Apsis allein behielt die gekurvte Anlage, so daß der Grundriß die Form eines Hufeisens erhielt. Die Liste dieser Gebäude, die im 7. und im 6. Jh. ebenso profanen wie religiösen Zwecken dienten, ist lang. In den großen Heiligtümern, in Delphi, in Delos, auf der Akropolis von Athen, gibt es zahlreiche Kapellen mit Apsiden. Die Anlage Apollo Daphnephoros von Eretria ist die interessanteste: 11,50 m lang und 7,50 m breit ist der hufeisenförmige Grundriß. Die Fassade ist geradlinig, gebildet aus zwei Mauern, mit einer Eingangsöffnung von fast 2 m. Vor dieser Fassade und fast rechtwinklig zu den Seitenwänden hat man die Basen von zwei Pfeilern festgestellt, die ein großes Vordach trugen, wie es die Votiv-Ädikula des Heraion von Argos zeigt. Ein Pfosten in der Türachse und zwei hinten bilden zusammen im Innern ein Dreieck und dienten dazu, den Dachstuhl zu tragen, der durch ein dreieckiges Dachstuhlgebinde zur Fassade hin und einen radial angeordneten Walm über der Apsis gebildet wurde. Die originellste Anlage bilden zwei Reihen von Basen aus gestampftem Lehm und Kieseln, die je zu zweien an beiden Seiten der Mauern liegen. 11 Gruppen von je 2 Basen bezeichnen den Grundriß, jede ungefähr 3 m von der anderen entfernt. So enthielt

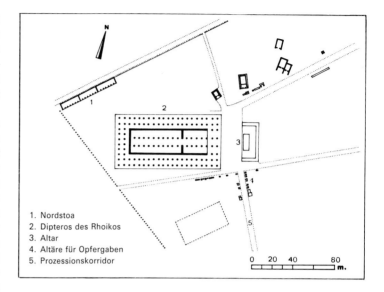

1. Nordstoa
2. Dipteros des Rhoikos
3. Altar
4. Altäre für Opfergaben
5. Prozessionskorridor

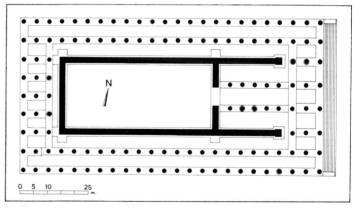

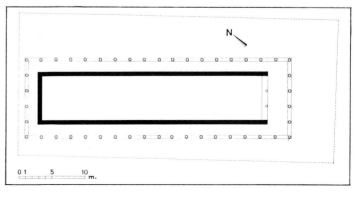

54. Äolisches Kapitell von Larissa. Istanbul, Archäologisches Museum.
55. Äolisches Kapitell von Neandria. Istanbul, Archäologisches Museum.
56. Delphi. Schatzhäuser von Knidos, Massilia und Siphnos. Rekonstruktion der Fassaden.

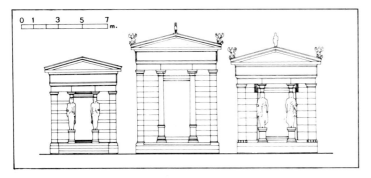

der Tempel insgesamt 27 Holzpfosten, die eine ungewöhnliche Struktur enthüllen, doch ist sie hochinteressant für die Geschichte des Wohnbaus und des griechischen Tempels zu Anfang des 1. Jahrtausends v. Chr.

Aus diesen Elementen und rund um die Apsiskonstruktion gehen die ersten Beispiele von Säulenhallen mit Vordach hervor, bestimmt, die ursprüngliche Zelle zu schützen und zu vergrößern. In der Nachfolge des Daphnephoreions von Eretria wird man den Tempel B des Apollo in Thermos als gleichzeitig oder kaum später anzusetzen haben.

Rund um das Apsismegaron an den langen, gekurvten Seiten, bestätigt eine Reihe von Platten das Vorhandensein einer umlaufenden Säulenhalle, die entweder den Ansatz des Hauptdaches oder einen Wetterschutz trug. Die Pfosten setzen sich nicht in die Fassade hinein fort. Die Generallinie scheint der des primitiven Tempels von Eretria ähnlich zu sein.

Wir haben hier die besten Beispiele einer noch rudimentären Architektur, die sich mit »armem« Material begnügte, mit Holz, Ziegel, Lehmwerk, groben Steinen, vielleicht sogar mit einfachem Gezweig wie in der Lorbeerhütte, die dem Apollo geweiht war, wie in den Texten im Heiligtum von Delphi erwähnt und durch die Funde von Eretria illustriert wird.

Im Verlauf des 6. Jhs. v. Chr. macht die griechische Architektur einen Sprung und erobert sich das »edle« Material, um nun den Stein zu beherrschen, den Kalkstein zuerst, dann den Marmor, der die Mauern aus Steinen und Ziegeln in eine Steinmetzarbeit aus regelmäßigen und wohlzugehauenen Blöcken verwandelt. Sie tragen zuerst »plinthoi« – es ist der gleiche Name wie für die Ziegel –, die aus dem Holzpfosten eine schöne Säule machen, hochaufgeschossen zuerst und fein und schlank unter einem Gesims, das leicht bleibt, ehe es auch in Stein ausgeführt wird und dadurch auch der Säule die schweren und stämmigen Formen aufzwingt.

Während sie diesen Fortschritt macht, formt die Architektur ihre Schöpfungen verschiedenartig. Sie spezialisiert die Formen und Grundrisse, die von da an jeweils genau durch das Gebäude bestimmt werden. Die Stadt selbst, besser strukturiert und klarer organisiert, läßt es sich angelegen sein, ihre Tendenzen und konstitutiven Elemente in einer kraftvollen Architektur sichtbar zu machen, deren verschiedenen Bereichen wir uns jetzt zuwenden müssen.

DIE SAKRALARCHITEKTUR

Zwei Regionen der griechischen Welt haben die ältesten Spuren der Sakralarchitektur in ihren Anfängen bewahrt, und sie erlauben

57. Karyatide vom Schatzhaus von Siphnos. Delphi, Museum.

uns, deren Konzeption zu erfassen, sowohl ihre Neuerungen als auch die Erbschaft, die sie von den ägäischen Traditionen übernommen haben. Zunächst in Kreta, wo sich die ersten Tempel von Prinias und Dreros von den Apsidengrundrissen des kontinentalen Griechenlands abheben. Die Grundrisse bleiben bestimmt durch die Erinnerung an die minoischen Kapellen. Quadratisch, oder unregelmäßig viereckig, beherbergen sie den Opferaltar, die Tische für Trankopfer und Bankette, auf denen die Opfergaben aufgestellt und die Götterbilder präsentiert werden. Die Vergrößerung des Innenraums erfordert Stützen, die das terrassenförmige Dach tragen. Die Form des Pfeilers, das Vorherrschen ungerader Rhythmen, der Geschmack an gemalten oder gemeißelten Bandgesimsen, die mit den Öffnungen oder den Dachumrandungen verbunden sind, unterstreichen die Verbindung dieser archaischen Gebäude (8. und 7. Jh. v. Chr.) mit dem Erbe der minoischen Architektur.

Die großen Schöpfungen ionischer Ordnung
Weiter im Osten, vor allem auf Delos und Samos, entwickeln sich diese Züge, die man noch im Artemision und im Letoon auf Delos spürt, schnell und machen einer größeren, monumentaleren Konzeption Platz, der die Einflüsse der üppigen ägyptischen Kolonnaden gewiß nicht fremd sind.
Die rituellen Vorstellungen und die Forderungen des Kultes zogen die Schöpfung neuer Formen nach sich, die an eine spezifische religiöse Funktion angepaßt sind. An den Ufern des Imbrasos, nicht weit von der Stadt Samos, wurde das Bildnis der Hera, das die Argonauten mitgebracht hatten, unter einem Baldachin, zwischen Gruppen von heiligen Weiden verehrt, umgeben von Altären, die unter freiem Himmel aufgestellt waren. Dies sind die ständigen Elemente des Kultes, die wir immer wieder in den vielfältigen architektonischen Umwandlungen finden werden, die das Heiligtum im Lauf der Jahrhunderte durchmachen wird. Der erste Hekatompedos (100 × 20 Fuß, d.h. 32,85 × 6,50 m) erscheint am Anfang des 8. Jhs. v. Chr. Es ist ein großer, sehr langer Saal, dessen Dach von einer Reihe von Pfeilern in der Mittelachse des Innern getragen wird. Sehr schnell zeigt sich der gleiche Gedanke wie in Thermos. Volumen und monumentale Bedeutung werden durch ein Peristyl von 7 × 17 Holzpfeilern entwickelt, das den ersten Hinweis auf den Grundriß des Peripteros zu Ende des 8. Jhs. gibt. Im Verlauf der ersten Hälfte des folgenden Jahrhunderts, etwa gegen 660, wird dieser Bau von einem neuen Tempel anderer Konzeption, der dem Kult besser angepaßt ist, abgelöst. Eine Cella von 30,66 m Länge und 6,80 m Breite, der eine Vorhalle mit 4 Säulen vorgelagert ist, wird von einem Peristyl von 18 Säulen auf

58. *Giebel des Schatzhauses von Siphnos. Delphi, Museum.*
59. *Fries vom Schatzhaus von Siphnos. Delphi, Museum.*
60. *Delphi. Athenaheiligtum. Fundament des Schatzhauses von Massilia.*

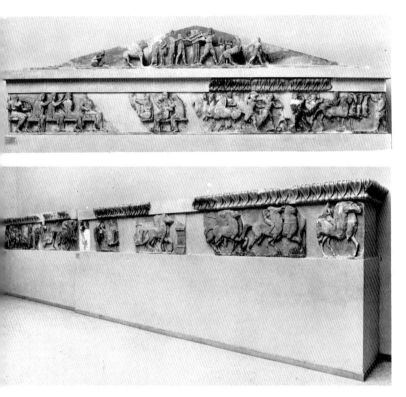

der Längsseite und der Vorderseite umgeben (37,70 × 11,70 m). Im Innern ist weithin Raum freigemacht, um die Kultstatue zur Geltung zu bringen: Die Säulenreihe in der Mittelachse ist weggefallen, und das Gewicht des Dachstocks ist auf quadratische Pfeiler verteilt, die zum Schmuck der Innenseiten der Mauer gehören und auf einem leichten Stylobat aufstehen, genau entsprechend den Säulen der äußeren Peristasis. Ein bemerkenswerter Fortschritt in der Komposition des Gebäudes. Schließlich gelingt um 570/560 v. Chr. ein neuer Fortschritt durch die Architekten Rhoikos und Theodoros. Sie bauen den großen Tempel der Hera in Samos und beteiligen sich – zumindest der zweite – zusammen mit Chersiphron, dem Kreter, und seinem Sohn Metagenes an den Arbeiten in den Werkstätten für das Artemision von Ephesus. Mit ihnen machen wir die Bekanntschaft der ersten Generation der großen griechischen Architekten, die – dank einer mächtigen schöpferischen Kraft und einer beachtlichen Beherrschung der Technik – in ihrer Kunst entschlossen über die ersten tastenden Versuche hinausgehen.

Gleichzeitig Architekt, Bildhauer und Ingenieur, neugierig auf die Welt draußen, unternahmen die beiden samischen Architekten eine Reise nach Ägypten. Sie waren auf der Höhe ihrer Zeit, sie beschäftigten sich mit der Technik und schwierigen Problemen. »Theodoros«, so berichtet Plinius, »der Erbauer des Labyrinths von Samos (des großen Dipteros), hat eine Bronzestatue von sich selbst gemacht und ist berühmt geworden, nicht nur durch die erstaunliche Porträtähnlichkeit, sondern auch durch die große Feinheit seiner Kunst.« Die beiden haben außerdem die Tradition der Kommentare geschaffen, die die großen Architekten zu ihren Werken gaben. Die Erwähnung dieser Aufzeichnungen, von denen wir durch Vitruv und Plinius d. Ä. wissen, läßt uns den Verlust einer technischen und theoretischen Literatur bedauern, die uns über viele Aspekte der griechischen architektonischen Schöpfungen aufgeklärt hätte.

Um das Werk von Rhoikos und Theodoros zu beurteilen, müssen wir uns an die Reste des großen Tempels der Hera halten. Die Proportionen wachsen mit der Weite (105 × 52,50 m). Die Peristasis ist als doppelte äußere Säulenhalle behandelt, entsprechend dem Dipteros, der mit seinen 104 Säulen ein wahres »Labyrinth« darstellt. Ihr Rhythmus wird durch die Teilungen des Innenraums erzwungen. Um der Fluchtlinie der Cellamauern und der doppelten Säulenreihe im Inneren zu entsprechen, sind die Mittelöffnungen der Fassaden (8,10 m) viel weiter als die der Seitenschiffe (5,25 m).

Das Artemision von Ephesus, ein gleichzeitiges Werk von ebensolchen Ausmaßen (115,14 × 55,10 m), trug den Sieg über seinen

61. Bauornament vom Schatzhaus von Siphnos. Delphi, Museum.

62. »Giebel des Ölbaums«. Athen, Akropolismuseum.

Rivalen durch seinen reichen Schmuck davon. Ebenfalls ein Dipteros, hatte es einen Rhythmus von 8 Säulen in der Front, während die Rückseite 9 Säulen hatte und die gleichen Variationen in der Weite der Joche. Der bildhauerische Schmuck, dem die klassische Zeit bestimmte Zonen zuweisen wird, entfaltet sich hier merkwürdigerweise auf den Außensäulen der Fassaden. Die ersten Trommeln jeder Säule, die auf einer reich mit Flechtwerk verzierten Basis mit doppelter Skotie ruhen, über der ein Rundstab liegt, trugen einen Schmuck in Flachrelief, wenn man nicht – einer neuesten Hypothese folgend – diesen Schmuck nach oben unter das Kapitell verlegen muß. Krösus, der reiche König von Lydien, hatte einige dieser prunkvollen Säulen der großen Göttin von Ephesus geweiht. Voll Stolz ließ er seinen Namen eingravieren.

Diese beiden Bauten beeinflußten mehrere Jahrhunderte lang die Formen und die Motive der ionischen Säulenordnung in Asien. Nur Variationen von Einzelheiten werden den Wiederaufbau des 4. Jhs. in Ephesus und in Sardes beeinflussen. Es wird der unverbrauchten Kraft der hellenistischen Architekten bedürfen, um in Magnesia am Mäander oder in Didyma in den Proportionen und im Schmuck neue Elemente durchzusetzen.

Außerhalb ihres eigentlichen Bereichs gab es einigen Widerhall auf die ionische Ordnung, behutsam und leise, sowohl im kontinentalen Griechenland als auch im Okzident, wo diese Ordnung der Vorherrschaft des dorischen Stils entgegentreten sollte. Man hat den Eindruck, als seien dem Grundthema einige Variationen aufgepfropft worden.

Auf dem griechischen Festland haben das Heiligtum des Apollo in Delphi und die Akropolis von Athen die schönsten Beispiele einer ionischen Architektur bewahrt. Sie ist auf Gebäude von reduzierten, verfeinerten Proportionen angewandt, die wie Elemente behandelt werden, bestimmt, in das dorische Gesamtbild etwas Klarheit zu bringen, etwas Phantasie, mehr dekorative Grazie, insgesamt mehr Zauber in den monumentalen Schmuck dieser heiligen Stätten. Die Schatzhäuser von Delphi, der Tempel der Athena Nike beim Eingang zur Akropolis, das Erechtheion gegenüber dem Parthenon, sie lockern die relative Strenge der großen dorischen Bauten auf.

Die ionischen Schatzhäuser von Delphi, aus der Zeit von 550–525 v. Chr., drücken die Freude am bildhauerischen Schmuck dieser Miniaturarchitektur mit größter Freiheit aus. Das Schatzhaus von Klazomenä und das von Marseille haben das kleinasiatische Kapitell mit großen Voluten durch ein Palmenkapitell ersetzt, das zweifellos ägyptischen Ursprungs ist. Es wird als Korb behandelt, ein Kalathos, gebildet von verlängerten Blättern, die an den Außenseiten zurückfallen. Die Knidier und dann die Siphnier haben die Säulen

63. Teil des Nordfrieses vom Schatzhaus von Siphnos. Delphi, Museum.

durch Karyatiden ersetzt, deren Stil dem der archaischen Koren eng verwandt ist. Die Mauern selbst erhalten einen Schmuck aus Zierleiste und Bildhauerei. An der Basis ruhen sie auf einer dekorativen Grundlage: Ein kannelierter Rundstab bei den Schatzhäusern von Knidos und Marseille, ein üppiger Eierstab in Siphnos. Oben krönt ein Skulpturenfries die Steinschicht, die abwechselnd aus viereckigen Platten und aus Tragsteinen besteht. Der Architrav selbst ist mit Rosetten geschmückt. Der Fries zeigt, angeregt durch homerische Themen, einen schönen bildhauerischen Schmuck von Kämpfern, bei dem etwas Farbe die plastischen Effekte hervorhob, die als Hochrelief in Inselmarmor ausgeführt waren. Schließlich entrollt die Soffitte des Traufdaches, die das Gesims krönt, eine Girlande von Palmetten und Lotosblumen in reichem, ausdrucksvollem Stil.

Ein etwas protziger Zug betonte noch den Geschmack der Ionier hinsichtlich der dekorativen Werte, die man schon in den großen Schöpfungen eines Rhoikos und Chersiphron spürt. Dieser Zug führte dazu, das asiatische Schema des ionischen Hauptgesimses zu verändern, indem man den Skulpturenfries einführte, der den Zahnschnitt ersetzte, ein Element, das regelmäßig über den Architrav hinausragte. Dieser Zahnschnitt verwandelte die äußersten Enden des Gebälks, das in der primitiven Konstruktion benötigt wurde, um das terrassenförmige Dach zu tragen, in ein Schmuckmotiv. Dies ist ein insularer Zug bei der ionischen Ordnung, der sich in Kleinasien erst in hellenistischer Zeit einbürgern wird.

Auch auf der Akropolis von Athen haben die attischen Architekten den dekorativen Wert des ionischen Stils nicht abgelehnt. Sie nutzten ihn für kleine Bauten und führten ihn in das Innere der dorischen Kompositionen ein, in den Parthenon und in die Propyläen. Kallikrates, Architekt im Dienst Kimons, der zwischen 460 und 451 v. Chr. die ersten Programme für den Bau der Akropolis entwarf, ist der Erbauer des Tempels der Athena Nike, der wie eine Gallionsfigur am Eingang zur Akropolis vorragt. Die erste ionische Version wurde etwa 450 v.Chr. in dem Tempel der Demeter und Kore, an den Ufern des Ilissos verwirklicht. Er ist heute verschwunden, aber wir kennen ihn aus den Verzeichnissen von Stuart und Revett aus dem 18. Jh. Der Tempel der Athena Nike wurde erst gegen 420 v. Chr., am Ende der großen perikleischen Werkstätten, erbaut. Er ist eine glückliche attische Anpassung insularer und asiatischer Traditionen. Von fast quadratischem Grundriß, ist die Cella nur wenig breiter als tief (4,14 × 3,78 m). Die Fassade des Tempels ist ein Prostylos, wie das in Attika beliebt war. Eine Pfeilerordnung ersetzt die Säulen zwischen den Anten, deren Thema an den Ecken der Rückfassade wieder auftaucht, die

64. *Heraklesgiebel. Athen, Akropolismuseum.*

ebenfalls mit einem Prostylos-Portikus versehen ist. Der dekorative Wert dieser Fassaden mit den stark kannelierten Monolithsäulen, die auf einer hohen Basis aus kannelierten Rundstäben ruhen und von einem mächtigen Kapitell mit breiten Voluten gekrönt sind, kontrastiert so mit der gewollten Nacktheit der Mauern, die aus schönen Blöcken pentelischen Marmors bestehen, der behauen und zusammengesetzt ist, wie es die vollkommene Regelmäßigkeit des isodomen Systems befiehlt. Dennoch stellen sich die Verbindungen her durch das Wiederaufgreifen des kannelierten Rundstabs am Fuß der Mauer und durch die Entwicklung des Skulpturenfrieses, der mit seinem Band die Mauern und Fassaden umzieht. Die gleiche Bewegung, die die architektonischen Strukturen und die dekorativen Werte verbindet, setzte sich an der Nike-Balustrade am Rande der Pyrgos fort. Die geflügelten Niken riefen die verschiedenen Momente der Prozession und die Opfer, die zu Ehren der Athena Nike gefeiert wurden, in Erinnerung.

Im Inneren der Akropolis, südlich vom Parthenon, erhob sich das Erechtheion, dessen Gesamtbau, erzwungen durch die Forderungen des Kultes und seine religiösen Funktionen, in der Freiheit und Phantasie des ionischen Stils gelöst ist. Er ist ein wirkliches Repertorium der dekorativen Formen zu Ende des 5. Jhs., vereint in einem Gebäude, dem es nicht gelungen ist, sie zu einer wirklichen architektonischen Einheit zu verbinden. Das Erechtheion, begonnen um 420 v. Chr., beendet in den letzten Jahren des Jahrhunderts, ist das erste Werk eines »Rokoko«, das in die klassische Harmonie und Einfachheit eingeführt wurde. Das Gebäude umfaßt hauptsächlich einen rechteckigen Körper (11,63 × 22,76 m), zu dem zahlreiche Nebengebäude gehören. Im Osten besteht die Fassade aus einem ionischen Prostylos-Portikus von sechs Säulen. Am anderen Ende, gegen Westen, wurde eine gemischte Ordnung von ionischen Halbsäulen und Halbpilastern angewandt. Die Joche wurden durch eine Balustrade geschlossen, die man in römischer Zeit durch eine Mauer mit Fenstern ersetzte. Die Fassade ist hier in eine glatte Wand einbezogen, die einen Sockel bildet, um den Niveauunterschied von 3 m zwischen Osten und Westen auszugleichen. Das Innere ist in vier Säle geteilt, deren einer nach Osten offen ist. Die anderen stehen mit dem Portikus im Norden in Verbindung. Sie teilen den Raum auf zwischen den Gottheiten, die in dem Heiligtum versammelt sind.

Im Norden ist ein herrliches Juwel des ionischen Stils angebaut, der Nordportikus mit vier Säulen an der Vorder- und zwei an der Rückfront, der auf der Mauer vorspringt. Er hat seinen eigenen Wert, bricht aber die Einheit. Die Säulen vereinen die Leichtigkeit ihrer Proportion mit der Wucht ihrer Kanneluren und der Anmut ihres Schmuckes. Die Basis hat attisches Profil, dessen obere

65. Athen. Akropolis. Tempel der Athena Nike.
66. Athen. Akropolis. Tempel der Athena Nike. Portikus, Decke.
67. Athen. Akropolis. Tempel der Athena Nike. Teil des Frieses.

68. Athen. Akropolis. Tempel der Athena Nike. Teil der Fassade.

Rundstäbe mit Ornamenten geschmückt sind. Der Säulenhals aus Palmetten und Lotosblumen steht auf hohem Schaft, die Kapitelle haben breite Voluten, deren Spiralen durch Flechtwerk unterstrichen werden. Unter dem Portikus öffnet sich eine monumentale Tür mit einem reichen Rahmen von skulptierten Rundstäben mit Bändern aus Eierstäben und Rosetten. Die Öffnung wird von einem Kranzgesims bekrönt, das als profilierte Kehlleiste ausgeführt ist, in die sich Palmetten und Lotosblüten einschmiegen. Die eingerollten Spiralen lassen Akanthuskelche und elegante Windenblüten aufsteigen. Wir finden hier den Fries des Hauptgesimses wieder, der dem der Mauern entspricht und in gleicher Technik gearbeitet ist: Die Figuren sind rund-erhaben aus weißem Marmor geschnitten und auf Kalkblöcken aus Eleusis befestigt, die einen blauen Hintergrund bilden.

Im Süden verbarg ein anderer Baldachin die Treppe, die in der Südostecke des Gebäudes den Zugang zum Grabmal des Kekrops bildete, des legendären Königs von Athen. Es ist der berühmte Portikus mit den Karyatiden. Kräftige Koren mit gewelltem Haar, das den Nacken verstärkt, tragen ein ionisches Zahnschnittgebälk, das mit dem Schmuckfries der Mauer kontrastiert, an die es sich anlehnt.

So steht in großen Linien das Erechtheion vor uns, das alle Neuerungen in sich vereint, die die Architekten des 5. Jhs. in das Schmuckrepertorium ihrer Kunst einzuführen versuchten. Formen oder Einzelheiten wurden in der Folge entlehnt, bald von hier, bald von da, aber das Gebäude war zu kompliziert, der Schnitt zwischen seinen architektonischen Funktionen und den Schmuckwerten zu sehr betont, als daß es jemals zu einem verbindlichen Modell werden konnte. Es blieb nur ein Zeuge des Suchens am Ende der klassischen Zeit, ein Vorspiel zu den großen Schöpfungen des 4. Jhs. und der hellenistischen Periode.

Der attische Zug, der den Gebrauch der ionischen Ordnung auf Gebäude mit kleinen Proportionen begrenzte, macht im 4.Jh. Schule, insbesondere in der Grabmalarchitektur. In diese Reihe, die sich noch in späteren Jahrhunderten bis in die hellenistische und römische Zeit fortsetzen wird, gehören zwei bedeutende Denkmäler: das Monument der Nereiden von Xanthos und das Mausoleum von Halikarnassos. Sie gehören zusammen, einmal durch ihre Funktion als Grabmal und dann durch ihre Strukturen, welche aus einer merkwürdigen Vermischung von »barbarischen« Elementen aus Lykien und Anatolien und griechischen Formen entstehen.

Die Konzeption des Monumentes selbst, das sich auf einer Terrasse erhebt, zeigt einen hohen, massiven Sockel, der eine ionische Kapelle trug, die in Halikarnassos noch entwickelt war, und einen

69. Athen. Akropolis. Erechtheion und Parthenon.

70. Athen. Akropolis. Erechtheion. Basis der Säulen des Nordportikus.

71. Athen. Akropolis. Erechtheion, Nordportikus.

72. Athen. Akropolis. Nordportikus
des Erechtheions. Teil der ionischen
Ordnung.

machtvollen Unterbau in Stufen, den das Motiv des Wagens und die Bildnisse des Mausolos und seiner Gattin krönten. Es ist schon im 6. und 5. Jh. von lykischen Heroenmonumenten vorweggenommen worden, die keinerlei Beziehung zur griechischen Architektur haben und in rein lykischer und anatolischer Technik behandelt sind, wobei die primitiven Holzstrukturen und die komplizierten Zusammenfügungen der Hauptstücke in Stein umgesetzt sind. Der Gebrauch von verzierten Friesen, oben an der Terrassenmauer oder als Bekrönung der Sockel, ist mehr orientalisch als griechisch. Das Eindringen griechischer Einflüsse, die Politik der Hellenisierung, die die einheimischen Fürsten oder die Satrapen der persischen Macht betreiben, haben die Umwandlung dieser einheimischen Monumente hervorgerufen. Eine griechische Form hat die lokalen und traditionellen Strukturen überdeckt.

Die Terrasse, die von einer schönen Mauer mit regelmäßigen Steinen gestützt wird, ist mit Skulpturen gschmückt (Akropolis von Xanthos; Nereiden; Löwen von Halikarnassos). Der Unterbau des Gebäudes selbst ist mit einem oder zwei Friesen verziert, deren Themen hauptsächlich der griechischen Mythologie entnommen sind; oft sind es aber auch Triumphthemen des orientalischen Repertoires (Zug von Wagen, Kämpfe, Jagden usw.). Schließlich gibt die Kapelle die geometrische Form der orientalischen Tradition auf und wird wie eine griechische Ädikula behandelt, zumindest in ihren äußeren Formen: ein ionisches Gebäude *in antis* oder ein Peripteros, ionische Säulen mit Basen und Kapitellen nach asiatischer Tradition, Hauptgesims mit Skulpturenschmuck, Türen mit Eierstab, Voluten, Palmetten usw. geschmückt. Die Berühmtheit dieser Monumente und ihr Erfolg in der Grabmalarchitektur sind Zeugnis des bemerkenswerten dekorativen Wertes des ionischen Stils, den die ersten ionischen Architekten im 6. Jh. ausgearbeitet hatten und der in Attika im 5. Jh. vervollständigt wurde. Es ist das Erbe, das die Künstler der hellenistischen Epoche ausbeuten werden.

Geburt und Jugend der dorischen Säulenordnung
In der zweiten Hälfte des 7. Jhs. findet die Sakralarchitektur im kontinentalen Griechenland und im Okzident im dorischen Stil die Formen und Züge, die ihr erlauben, in wenigen Jahrzehnten ihren ausgewogensten Ausdruck zu gewinnen.

Auf dem Peloponnes entsteht die dorische Säule mit ihrem kannelierten Schaft, direkt dem Stylobat eingepflanzt, ohne Basis oder Milderung des Übergangs; ihr Kapitell ist platt, der Eierstab springt weit vor und ist vom Schaft getrennt durch kraftvolle Ringe mit einem skulptierten Hals aus zurückfallenden Blättern als Umrandung einer mehr oder weniger tiefen Kehle. Der quadratische Abakus fehlt niemals. Handelt es sich hier um eine Anpassung

73. Athen. Akropolis. Das Erechtheion, von den Propyläen aus gesehen.
74. Athen. Akropolis. Erechtheion. Südseite.

des mykenischen Kapitells, das auch mit einer Kehle und einem sehr dicken Rundstab behandelt war, oder um eine eigene Erfindung der dorischen Lande? Dieser Ursprung erscheint mit den gleichen funktionellen und dekorativen Werten nur in den verschiedenen Elementen des ionischen Kapitells, woher der Eindruck entsteht, daß die Form einem alten Typ entlehnt sein könnte, für den die Fassade am Schatzhaus des Atreus und die Säule des Reliefs am Löwentor von Mykene die mehr oder weniger direkten Vorbilder wären. Es wäre daher nicht erstaunlich, wenn die ersten dorischen Kapitelle aus Tiryns kämen, aus Mykene, aus Argos oder aus den ältesten dorischen Kolonien, Syrakus, Megara Hybla und Selinunt. War dies schon die Säulenordnung des ersten Tempels mit Peristasis, der sich in der Mitte des 7. Jhs. auf der höchsten Terrasse des Heraion von Argos erhob? In jedem Fall sind gegen 620-610 v. Chr. in Thermos, um 600 in Korfu und in Olympia die großen Linien der dorischen Ordnung in den Tempeln des Apollo, der Artemis und der Hera festgelegt, ehe noch der Prozeß der Umsetzung in Stein beendet war. Die Säulen sind noch aus Holz. Sie ruhen oft auf Steinsockeln, die die Basis des Pfostens schützen, und werden von Kapitellen aus Stein bekrönt. Architrave aus Holz, Friese aus Ziegeln und Terrakotta betonten diese merkwürdige Mischung, deren Polychromie besonders lebhaft ist. Die Metopen und die Traufleisten von Thermos – in Terrakotta und in korinthischem Stil – beweisen die Bedeutung der Nordostregion des Peloponnes bei der Schöpfung und der Entwicklung der dorischen Ordnung. Im Grundriß sind die Proportionen verlängert (5 × 15 Säulen in Thermos, 8 × 17 Säulen in Korfu); die Cellae sind schon mit inneren Stützen versehen (zwei Säulenreihen in Korfu), mit Mäuerchen und Zwischensäulen im Heraion von Olympia, wo der Rhythmus der Fassade geregelt wird (6 × 16 Säulen). Sie tragen ordnungsgemäß den Pronaos, aber nicht immer das hintere Vestibül oder Opisthodomos. Der Gesamtrhythmus des Heraion von Olympia mit der Teilung in fünf kleine Kapellen an jeder Seitenwand, begrenzt von Mäuerchen, die senkrecht zur Längsachse stehen, bezeugt die Unsicherheit der Architekten, angesichts einer Ausweitung der Proportionen, wie sie die eroberungsfreudige Monumentalität der Epoche forderte, und des Übergangs von einer einfachen und linearen Konstruktion zur Suche nach inneren Volumina und einer Strukturierung der äußeren Massen. Diese Entwicklung läßt zunächst in den Säulenhallen die Proportionen dicker und schwerer werden, die in den ersten Bauten die Leichtigkeit und Zierlichkeit der Holzbauten beibehalten hatten. Es wird mehrere Jahrhunderte dauern, ehe wir eine Säule wiederfinden, die aufstrebt wie die Säule aus Poros des ersten Athenatempels in Delphi (um 600 v.Chr.).

Die Technik zögert beim Übergang von einem Material zum anderen; man ist noch unsicher, welche Widerstandsmöglichkeiten der Stein hat, den man in verschiedenen Lagen gebraucht. Man verstärkt die Proportionen, man verkleinert die Zwischenräume, man verändert die Stützen. Ein schönes Beispiel dieser tastenden Versuche zeigt das Schatzhaus des Heraheiligtums im Norden von Paestum an der Mündung des Silarus. Obwohl um 580/540 v.Chr. erbaut, beweist es die Gewandtheit der archaischen Architekten, wenngleich sie noch wenig mit dem neuen Material vertraut sind. Es handelt sich um ein rechteckiges Gebäude ohne Peristasis, das sich nach Osten durch eine Vorhalle mit zwei Säulen, deren stark profilierte, dorische Kapitelle, die an der Basis des Eierstabs energisch durch unterschnittene Flechtbänder abgesetzt sind, mit der Schmalheit der Antenkapitelle kontrastieren, die mit Palmetten und Lotosblüten geschmückt, aber nicht integriert, sondern an die Außenmauern angelehnt sind. Die Anten scheinen keine tragende Funktion zu haben, sie sind nur zur Dekoration da wie die primitiven Bretter, die bei der Ziegelkonstruktion das etwas unentschlossene Vorspringen der Mauern zusammenhielten.
Der Erbauer hatte das gleiche Mißtrauen hinsichtlich des Hauptgesimses, das einen kraftvoll skulptierten Metopenfries eingerahmt von Triglyphen zeigt, die einzeln behandelt sind und vorspringen. Sie sind jedoch nur eine Verblendung, die eine Holzarmatur verdeckt, die das Balkenwerk trug und ihre Spuren auf dem hinteren Schmuck der Friesblöcke hinterlassen hat. Die skulptierten Platten des Frieses wurden zwischen die Triglyphen geschoben; die sichtbaren Einkerbungen auf der Rückseite zeigen, daß sie angebracht wurden, als der Rahmen des Gebälks schon an Ort und Stelle war. Dieser Rahmen wurde durch vertikale und horizontale Stücke bestimmt, die untereinander verpflockt waren, um einen festen Verband hinter dem Fries herzustellen und das horizontale Gebälk der Decke zu stützen. Es ruhte auf drei inneren Stützen, von denen eine, wie im Daphnephoreion von Eretria, zur Fassade hin gestellt war, wo sich zweifellos ein Frontgiebel erhob, zwei andere stützten gemeinsam hinten das radial angeordnete Gebälk eines Walms. Für die Sparren des Dachgebälks bildeten kleine Pfähle auf den horizontalen Balken die Widerlager. Es war dies ein bemerkenswertes Überleben der archaischen Bauverfahren in einem Bezirk der griechischen Welt, wo die dorische Ordnung schon Werke einer noch ungehobelten, aber von großer Kraft begabten Jugend erstellt hatte. Dieser machtvolle, strenge Stil mit nüchternen Linien, die ahnen ließen, daß er zu ausgewogenen und massiven Kompositionen aufblühen würde, entsprach der Kraft der jungen griechischen Kolonien in der westlichen Welt, die selbst durch eine rauhe Schule gegangen, aber schnell wohlhabend geworden waren und begierig,

75. Athen. Akropolis. Erechtheion.
Korenhalle.

76. *Xanthos. Konstruktion des Nereidenmonuments.*
77. *Xanthos. Nereidenmonument. Neue Rekonstruktion. London, British Museum.*

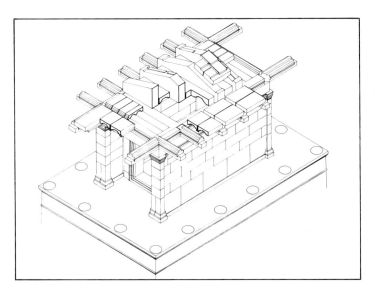
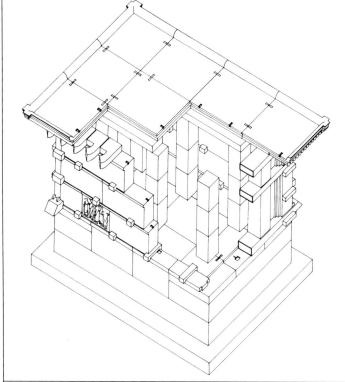

78. *Xanthos. Nereidenmonument. Isometrie.*
79. *Xanthos. Nereidenmonument. Rekonstruktionszeichnung.*
80. *Metope vom Tempel von Thermos. Athen, Nationalmuseum.*
81. *Skopas. Amazonenkampf. Fries vom Mausoleum in Halikarnassos. London, British Museum.*

ihre Persönlichkeit und ihre Herrlichkeit auszudrücken. Die großen Städte wie Syrakus, Selinunt, Agrigent und Poseidonia entstehen aus diesem glücklichen Zusammentreffen von reichen materiellen Mitteln und einem politisch-religiösen Geist, dem es darum geht, sich durch bleibende architektonische Schöpfungen zu bestätigen. Der älteste und der roheste dieser Tempel war der des Apollo von Syrakus, erbaut gegen 570/560 v. Chr. auf der Insel Orthygia. Obwohl er schon einen regelmäßigen Grundriß hatte, Peripteros und Hexastylos (6 × 17 Säulen), 21,57 m in der Front und 55,33 m in der Länge, drückt er gleichzeitig das Ungeschick und den Stolz der Architekten und Steinmetzen, Kleomenes und Epides, aus, die ihren Namen in die Stufen der Krepis, die aus enormen Monolithen besteht, eingruben. Die Säulen sind enggestellt und schwer (2,02 m im Durchmesser an der Fassade, der Abstand von Mitte zu Mitte beträgt 4,15 m und die Höhe 7,98 m). Das Hauptgesims ist erdrückend (6,62 m hoch), würdig des beeindruckenden Verbrauchs an Material, das diese erste Manifestation syrakusanischer Architektur bietet, die niemals die Freude an Kraft und Macht verlieren wird.

Die Architekten Großgriechenlands lernten sehr schnell, die Materialien und die Konzeptionen der Säulenordnungen zu beherrschen. In der Mitte des 6. Jhs. (550-540 v. Chr.) wird der erste der großen Tempel in Selinunt errichtet, der Tempel C, in dem alten heiligen Bezirk, südöstlich der Akropolis.

Hier ist alles leicht, luftig und verrät die schöpferische Freiheit der sizilischen Architekten. Der Grundriß, in die Länge gezogen, bleibt der Form der ersten Kultgebäude in Selinunt treu. Die sehr verlängerte Cella mit einem Adyton an der Rückseite erscheint im Inneren fast unabhängig von einer Säulenhalle von 6 × 15 Säulen, von denen sie durch einen breiten Umgang getrennt ist (6,24 m). Vorn betonte eine Doppelreihe von Säulen die Loslösung der Räume, während dieser schöne Baukörper durch eine Rampe mit acht Stufen, die die ganze Breite der Fassade einnahmen, hervorgehoben wurde. Eine große Freiheit herrscht beim Rhythmus der Säulenhalle, die keinerlei Beziehungen zu der Inneneinteilung der Cella unterhält. An der Front ist der Achsenabstand der Säulen 4,40 m. An den Längsseiten wird er auf 3,86 m verengt. Die Säulendurchmesser schwanken zwischen 1,51 und 1,81 m. Der dorische Stil wird hier durch ein sicheres plastisches Gefühl und durch den Versuch, den Gegensatz von Licht und Schatten spielen zu lassen, sehr belebt. Das Hauptgesims ist voller Bewegung, dank der Kraft der Formen. Der Fries und das Traufdach sind sehr stark durch das Hervortreten der Triglyphen aus der Ebene der Metopen modelliert sowie durch die imposante Größe der Mutuli und der Tropfen. Dieser Versuch verstärkt sich noch an der Fassade, wo die

82. Olympia. Heratempel.

zehn Metopen skulptiert waren. Die Motive, in starkem Hochrelief gearbeitet, waren von flachen Bändern eingefaßt, die die Personen wie auf einer Bühne hervortreten ließen: Quadriga von vorn, Perseus und die Gorgo, die aus dem Dunkel auftaucht, Herakles und die Kerkopen, sie alle scheinen auf einer Estrade vorbeizuziehen. Schließlich darf man nicht die Dachumrahmung vergessen, die üppig mit bemalten Terrakotten behandelt war. Sie verdeckten die Balken, die das Hauptgesims und die eigentliche Sima bekrönten, und waren als Palmetten und Lotos gebildet. Dies ist das erste Gesamtwerk, das die sizilischen Werkstätten hervorbrachten, die nun während mehr als einem Jahrhundert eine eigene Produktion bieten werden, aus der das südliche Italien Nutzen ziehen wird. Selinunt, Syrakus, Gela, Lokri, Metapont und Paestum haben uns mit Gruppen von Architektur-Terrakotten von großem Reichtum bekannt gemacht, deren malerischer und monumentaler Wert einen Export nach Griechenland selbst zur Folge hatte. Das Schatzhaus von Gela in Olympia ist dafür ein gutes Beispiel.

Während des ganzen 6. Jhs. und in der ersten Hälfte des 5. Jhs. werden die Architekten des westlichen Griechenlands, in Sizilien und in Süditalien – mit wenigen Ausnahmen wie in Syrakus und Lokri – dem dorischen Stil treu bleiben. Aber sie werden ihn mit Feingefühl benutzen, mit mehr Freiheit als die Baumeister auf dem griechischen Festland, die sich sehr früh von den festen Regeln der Ordnungen fesseln ließen. Sie werden einen stärker entwickelten Sinn für das Monumentale, eine betontere Lust für die Arbeit mit Masse und Volumen und auch einen raffinierteren Sinn für die Architekturplastik zeigen. Einige Beispiele mögen dies beweisen. Eine erste Tendenz, die sich an die Organisation des Raumes und der architektonischen Komposition, von der wir weiter unten sprechen werden, anlehnt, will durch Nebeneinanderstellen die Gebäude miteinander spielen lassen. Die Akropolis von Selinunt mit ihren vier großen Tempeln, der heilige Hügel von Marinella, mit allen Varianten, die die drei Tempel H, F und G bieten, die südliche Begrenzung von Agrigent, die die Stadtlandschaft mit dem Nebeneinander ihrer Tempel säumt, der heilige Bezirk von Paestum, dessen Temenosmauer die große Nord-Süd-Achse begrenzt, die Masse der Tempel innerhalb des Temenos des lykischen Apollo im Herzen der Stadt Metapont, sie alle entsprechen einer monumentalen und systematisch erarbeiteten Konzeption, die zweifellos mit dem Ausdruck materieller Macht und der Manifestation einer wirkungsvollen politischen Herrschaft verbunden sind, aber ebensosehr auch mit dem mehr oder weniger bewußten Willen, sich den Schutz der Götter für diese wehrhaften Kolonialstädte zu sichern. Bei Einzelheiten eines jeden Gebäudes enthüllten sich die Unabhängigkeit und der Originalcharakter des dorischen Stils im Westen in

63

83. Olympia. Terrasse der Schatzhäuser und Eingang zum Stadion.
84. Olympia. Palästra.

85. Paestum. Schatzhaus am Silarus. Rekonstruktion der Fassade.
86. Paestum. Schatzhaus am Silarus. Grundriß.

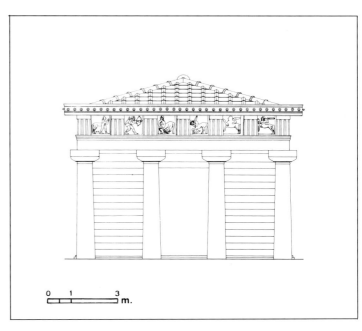

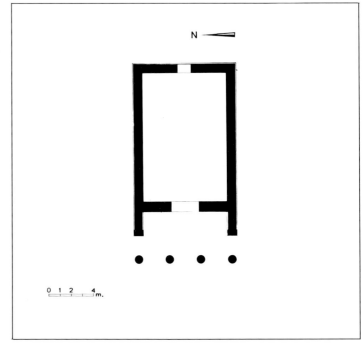

87. Paestum. Metope des Schatzhauses. Paestum, Museum.
88. Paestum. Metope des Schatzhauses. Paestum, Museum.

89. Paestum. Fries des Schatzhauses. Paestum, Museum.
90. Paestum. Schnitt des Schatzhauses.

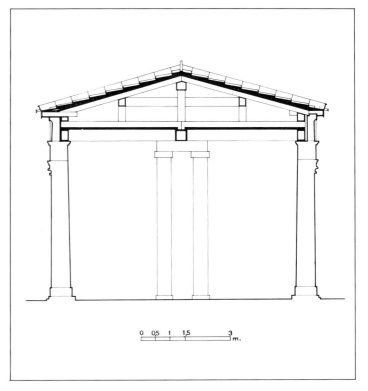

91. *Syrakus. Apollotempel. Stylobat.*
92. *Syrakus. Apollotempel. Rekonstruktion der Fassade.*
93. *Syrakus. Apollotempel. Grundriß.*

zahlreichen Neuerungen. Da wir nicht jeden Tempel studieren können, müssen wir uns mit einigen Beispielen begnügen.
In Selinunt, auf dem Hügel von Marinella, hatte jeder Tempel sein eigenes Gesicht. Der eindrucksvollen Masse des Tempels G entsprach die leichtere, aber auch geheimnisvollere Silhouette des Tempels F, dessen Zwischenräume zwischen den schlanken Säulen bis zur halben Höhe durch eine Mauer geschlossen waren, zweifellos aus rituellem Grund und dann gegen Süden die Umrisse und das klassischere Gleichgewicht des Tempels H, des einzigen, der heute restauriert ist. Der Tempel G, dem Apollo oder Zeus geweiht, ist eine der schönsten und großartigsten Verwirklichungen der dorischen Ordnung in Großgriechenland. Wenn in der Tat der Tempel F noch die archaischen Züge der Tempel C und D der Akropolis beibehält, mit seinen verlängerten Proportionen (40 × 9,20 m) und der Teilung der Cella in drei Säle, wenn er dem gleichen Geist entspricht wie C durch die Bedeutung seiner Zwischenräume (Joche von 4,47 m an der Fassade und 4,40 m an den Längsseiten bei einem unteren Säulendurchmesser von 1,79 m) und der Leichtigkeit seines Säulenumgangs, entspricht der Apollotempel einem anderen Ziel. Sein Auftraggeber, zweifellos der Tyrann Phytagoras, der um 520 v. Chr. das Werk begann, hatte sicherlich den Ehrgeiz, mit den großen Tempeln Ioniens zu wetteifern, aber der Architekt wußte, wie man auf dieses Projekt die Möglichkeiten der dorischen Ordnung anwenden konnte.
Der Tempel hat die Proportionen der großen Heiligtümer von Ephesus und Samos (110,12 × 50,07 m), aber die Organisation der Volumina und der Massen entspringt einem ganz anderen Geist. Die enge Anhäufung von Säulen macht weiten Lösungen Platz. Die äußere Säulenreihe (8 × 17 Säulen) erlaubt nicht die doppelte Reihe der Dipterosgrundrisse, wenn sie auch die gleiche Breite des Umgangs beibehält. Dieser nimmt die Größe eines echten Schiffes an (fast 12 m breit). Im Innern übersetzte der Grundriß der Cella die traditionelle sizilische Teilung, behielt das Adyton bei, verwandelte es jedoch in eine unabhängige Kapelle, am äußersten Ende eines weiten Saales, der 17 m breit und durch eine doppelte Säulenreihe in drei gleiche Schiffe geteilt war. Dieser Saal war zweifellos nur zum Teil überdeckt, aber er sollte es werden, und der Tempel wurde nicht als Hypaithros konzipiert. Es ist möglich, daß während des Baus das Beispiel des Didymaion und seiner Innenkapelle einen Einfluß ausgeübt hat. Gemäß der Tradition ist auch der Eingang zur Cella behandelt. Angelegt als Prostylos, mit vier Säulen an der Fassade, zwei hinten und zwei zwischen den Anten, ist er nicht mehr unabhängig vom Peristyl. Alle Stützen, Säulen und Anten sind auf die Achsen der Außensäulen bezogen. So ist der Gesamtgrundriß wunderbar einheitlich, und alle traditio-

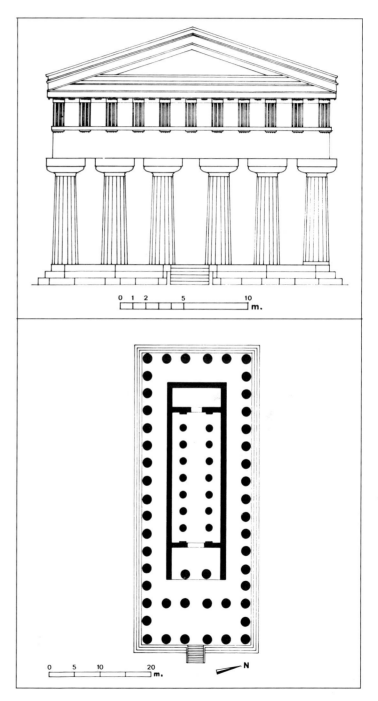

94. Selinunt. Tempel C. Grundriß.

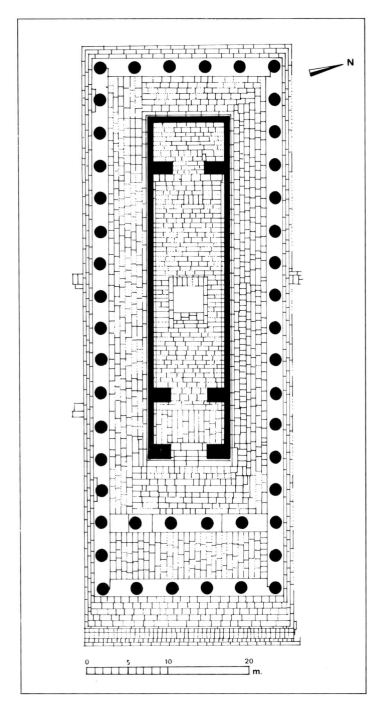

nellen Elemente sind harmonisch eingeordnet mit viel Gefühl für die Massen und die Volumina. Nach unserer Ansicht ist dies das Meisterwerk der dorischen Architektur in Sizilien und Großgriechenland.

Zur gleichen Zeit wurde in Syrakus ein Versuch gemacht, die ionische Ordnung einzuführen. In dem heiligen Bezirk, in dem zu Beginn des 5. Jhs. der Tempel der Athena gebaut werden sollte, ziehen die engen Verbindungen zwischen Ionien und Sizilien, die sich im Handelsaustausch und auf anderen Gebieten fühlbar machen, die Wahl des ägäischen Stils für diesen Tempel nach sich, der in den Ausmaßen wie das alte Athenaion (etwa 59 × 25 m) erbaut wird. Aber der Grundriß und die Proportionen bleiben dorisch. Der Stil der Säulenbasen und der Kapitelle ist von den Bauten der kleinasiatischen Küste beeinflußt.

Obwohl dieser Versuch isoliert blieb, finden wir seine Spuren in einzelnen Elementen in Megara Hybla, in Gela, in Selinunt selbst, und noch viel reiner finden wir sie in Großgriechenland, in den Kolonien der Achäer, wo die dorische Tradition weniger tief verwurzelt war. Die Architektur von Poseidonia (Paestum) zeigt sehr charakteristisch, wie der ionische Strom Geschmeidigkeit in die Details einer Ordnung eingeführt hat, die niemals in starren Strukturen festgelegt worden war.

Der älteste der Heratempel – um 530 v. Chr. – in Paestum ist der, den man die »Basilika« nennt. Er hat bemerkenswerte Besonderheiten: zunächst im Grundriß mit seinem unpaarigen Rhythmus der Fassaden (9 × 18 Säulen; 54,27 × 24,52 m), der die gleichen Konsequenzen bei der Innenteilung nach sich zieht. Die Cella, durch eine Säulenreihe in der Mittelachse in zwei gleiche Schiffe geteilt, hat einen Pronaos mit zwei Türen, eine für jedes Schiff, und ein Vestibül mit drei Säulen zwischen den Anten. Der Architekt hat sich bemüht, die Elemente des Grundrisses untereinander zu verbinden. Die Umgänge an den Enden entsprechen genau zwei Jochen, und die anderen, wie die Säulen des Eingangsvestibüls, sind auf die fünf Mittelsäulen des Ost- und Westperistyls ausgerichtet. Die Scheidemauern selbst stehen in Beziehung zu den entsprechenden äußeren Säulen, so gut, daß der ganze von der Peristasis umschlossene Raum geometrisch in vier gleiche Teile geteilt ist. Aber dies Prinzip konnte aus praktischen Gründen im Detail nicht respektiert werden. Um einen genügend großen Raum für das Kultbild im Hintergrund der Cella freizumachen, wurden die Innensäulen von Ost nach West immer enger gestellt. Sie haben daher keinerlei Beziehung zu den Säulen der Peristasis. Die Freude am Schmuck, den der ionische Strom mit sich gebracht hatte, manifestiert sich in der Behandlung des Kapitells, dessen sehr flacher Echinus von einem Blattrand unterstrichen wird, und in den

95. Metope des Tempels C von Selinunt. Palermo, Archäologisches Museum.
96. Selinunt. Tempel C. Teil des Säulenumgangs.

Einzelheiten des Hauptgesimses, wo das flache Band des Architravs durch ein lesbisches Kymation ersetzt wird und von wo eine Deckleiste aus skulptierten Eierstäben zweifellos ihren Weg in das große Heraion am Silarus und in den Tempel der Athena, beide erbaut um 500 v. Chr., fand. Diese beiden Tempel gehen noch weiter in der Suche nach plastischen Effekten, indem sie die dekorativen Schichten multiplizieren und das Traufdach mit Mutuli umwandeln. In dem Heiligtum am Silarus macht es einer nur wenig vorspringenden, gegliederten Schicht Platz, die die Höhe des Hauptgesimses betont. Im Athenatempel hat man ein Traufdach mit Kassetten angewandt, die mit vergoldeten Bronzerosetten geschmückt sind. Hier ist die ionische Ordnung sogar in das Innere der dorischen Umkleidung eingeführt. Der Architekt hat den monumentalen Charakter der Cella erhalten. Sie ist behandelt wie in einigen Tempeln von Selinunt, mit einem Portikus Prostylos (4 × 12 Säulen), und die Mauern zeigen am Ende eine Halbsäule. Die Ordnung dieses Prostylos ist ionisch, und das Kapitell gehört in eine in Kleinasien nachgewiesene Reihe, die sich von den samischen Typen unterscheidet. Die Proportionen sind weniger gelängt, der Mittelkörper gedrungen, die reich entwickelten Voluten sind gegen den Säulenschaft gedrückt.
Nichts von all diesen Versuchen ist in dem letzten Tempel von Poseidonia erhalten (Hera II), nahe der »Basilika«, in der Mitte des 5. Jhs. erbaut. Hier sind alle Regeln der klassischen Ordnung beachtet: ein den Regeln entsprechender Grundriß, Cella mit Pronaos und Opisthodomos, Hauptraum in drei Schiffe geteilt durch zwei übereinandergestellte dorische Säulenreihen, Komposition und Proportion des Hauptgesimses vergleichbar den Tempeln im griechischen Mutterland, wie dem Zeustempel in Olympia und dem Tempel der Athena in Ägina.
Zu Beginn des 5. Jhs. sind in der Tat die klassischen Regeln der Ordnung in Großgriechenland wie in Sizilien verbindlich; aber ihre Anwendung bewahrt eine Leichtigkeit und Feinheit, die aus dem archaischen Erbe kommen. Wir werden ihre Originalität feststellen, wenn wir uns mit dem Aufblühen der dorischen Sakralarchitektur in Griechenland selbst und im Westen befassen.

Das Mannesalter der dorischen Sakralarchitektur
Die Schöpfungen der dorischen Ordnung in Kontinentalgriechenland, wo ihre Wiege stand, haben nicht die gleiche Würze wie die Bauten des Okzidents. Man muß die Zeit des Übergangs, um etwa 500 v. Chr., abwarten. Erst dann erscheinen ihre Meisterwerke. Sicher gibt es zahlreiche und verschiedenartige Gebäude, die uns durch ihre archaischen Züge und ihre Besonderheiten gestatten, den Fortschritt dieser Schöpfung mit Händen zu greifen. Eines der

97. Selinunt. Tempel C.

bedeutendsten und ältesten Gebäude ist der Tempel der Artemis auf Korfu, der zu Beginn des 6. Jhs. erbaut wurde, in der Blütezeit Korfus, das damals eine Zwischenstation für die griechischen Siedler war, die nach Italien und Sizilien zogen. Dieser Tempel enthüllt uns, welche Möglichkeiten im dorischen Stil seit Anbeginn schlummerten. Um eine lange Cella (35 × 9,35 m), mit Pronaos und Opisthodomos, die von 2 Reihen von je 10 Säulen in 3 Schiffe geteilt wird, entrollt der Tempel eine imposante Peristasis von 8 × 17 Säulen (Tiefe 6,50 m), deren Kapitelle zu den ausgewogensten ihrer Art in archaischer Zeit gehören. Ihre Proportionen sind stark, aber keineswegs massiv.

Das Gesims wird durch eine Mischung der Materialien, Stein und Terrakotta, leichter gemacht sowie durch eine lebhafte Polychromie, die den geometrischen und vegetabilen Schmuck unterstreicht. Der Frontgiebel hat schon seine plastische Funktion und zeigt eine riesige Gorgo, die den Schutz des Gebäudes sichert.

Eine Untersuchung, die mehr das Technische und die Einzelheiten berücksichtigt, müßte hier die Ädikulen und die Schatzhäuser der großen Heiligtümer nennen, insbesondere die alte Tholos in Delphi und den Monopteros von Sikyon, der mit einer Reihe von Metopen geschmückt ist, die ganz aus peloponnesischem Geist entstanden. Die zahlreichen Fragmente der Schatzhäuser aus Poros haben seltsame Einzelheiten bewahrt in den Formen, die die allmähliche Ausarbeitung des klassischen Stils kennzeichnen. Korinth spielt sicherlich eine bedeutende Rolle in der Entwicklung dieser Architektur, von der sie unter zahlreichen Resten den mächtigen Tempel des Apollo bewahrt hat, wobei wir den des Poseidon in seinem Heiligtum auf dem Isthmus nicht vergessen dürfen.

Der Bau, der die Agora von Korinth beherrscht und dessen schwere Säulen sich noch heute von dem dunklen Hintergrund von Akrokorinth abheben, hat die Erbauer des Tempels der Athena auf der Akropolis von Athen beeinflußt und auch die des Apollotempels in Delphi, der den zu Anfang des Jahrhunderts erbauten Tempel ersetzte und übertraf.

Die Peristasis des Athenatempels nahm die des Tempels von Korinth zum Vorbild, mit ihren ein wenig enger gestellten Säulen, dem unregelmäßigen Rhythmus der Zwischenräume (4,04 m an der Front, 3,38 m an den Seiten), der Kontraktion der Eckjoche und selbst den Plan der Cella mit zwei voneinander unabhängigen Sälen.

Als sie die Werkstatt für den Zeustempel im Süden der Akropolis und an den Ufern des Ilissos eröffneten, legten auch die Söhne des Pisistratos nicht gerade ein Zeugnis großer Originalität ab. Sie inspirierten sich an den Arbeiten des Polykrates von Samos, indem

98. Selinunt. Tempel E, sogenannter Heratempel.

99. Metopen vom Tempel E von Selinunt. Palermo, Archäologisches Museum.

100. Metope vom Tempel E von Selinunt. Aktaeon wird von den Hunden der Artemis zerfleischt. Palermo, Archäologisches Museum.

101. Selinunt. Tempel E, sogenannter Heratempel. Die Cella.

sie den ionischen Dipterosplan annahmen (108 Säulen, verteilt auf 2 Reihen an den Längsseiten und 3 Reihen von 8 Säulen auf den Fronten), aber mit so großen Proportionen (107,75 × 41 m), daß sie nicht erlauben, den Stil wiederzuerkennen, den die Architekten des Tyrannen – nach Vitruv waren es vier –, nämlich Antistates, Kallaischros, Antimachides und Porinos, im Sinn hatten. Die Unregelmäßigkeit der Joche an der Fassade, die dem Muster der Tempel von Ephesus und Samos folgen, sind nicht vereinbar mit den strikten Forderungen eines dorischen Frieses, dessen regelmäßiger Wechsel von Triglyphen und Metopen vom Gesetz vorgeschrieben wird. Aber die Schwere seiner Säulen (unterer Durchmesser 2,40 m) und das Engerwerden der seitlichen Interkolumnien vertragen sich schlecht mit einem leichten ionischen Gebälk. Der Sturz der Tyrannen, im Jahr 510, brachte die Arbeit in den Werkstätten zum Stillstand. Sie wurde erst im 3. Jh. v. Chr. wieder aufgenommen. Nur zu Beginn des 5.Jhs., Ägina, in Olympia und schließlich mit dem Parthenon, erschöpften sich die Möglichkeiten der dorischen Ordnung, ehe sie im nachfolgenden Jahrhundert die Umwandlungen durchmachte, die ihren Niedergang nach sich zogen.

Der Tempel der Aphaia auf Ägina, auf der Ostspitze der Insel, aus einem dort vorkommenden Kalkstein erbaut, der sich kaum von den umgebenden Felsen unterscheidet, verbindet die Kraft und die Lebendigkeit der archaischen Zeit mit der Eleganz und der Ausgewogenheit der klassischen Werke. In verkleinertem Maßstab (28,81 × 13,77 m) auf dem Grundriß eines Hexastylos errichtet (6 × 12 Säulen), paßt er sich so völlig in die Landschaft ein, daß er daraus seine ganze Harmonie zieht und ein vollkommenes Gleichgewicht der Formen und Volumina. Die Säulen aus graubläulichem Kalk, oft noch von hellem Stuck überzogen, der die Porosität und die Unregelmäßigkeiten des Materials verdeckte, sind leicht und streben empor. Das Verhältnis zwischen dem unteren Säulendurchmesser und ihrer Höhe beträgt hier 5,32, während es in Korinth 4,15 betrug. Die zarten, fast immateriellen Linien der Kanneluren führen den Blick zu einem fein profilierten Kapitell, in dem die Kraft des archaischen Echinus noch nicht durch die rein funktionelle Steifheit des klassischen Kapitells ausgelöscht ist. Hier gibt es keinen Kompromiß mit den äußeren Einflüssen und keine Verdrehung des geometrischen dorischen Stils zugunsten irgendeines dekorativen Zweckes. Ein reines und entschiedenes Spiel der einfachen Linien und der harmonischen Volumina macht den Zauber dieser Architektur aus, die so vollkommen in der Insellandschaft verwurzelt ist.

Die Cella ist ganz klassisch mit Pronaos und Opisthodomos, die sich beide auf einen Portikus aus Doppelsäulen zwischen den Anten

102. Agrigent. Junotempel.
103. Agrigent. Luftaufnahme des Junotempels.
104. Metapont. Dorische Tempelsäulen.

öffnen. Trotz ihrer geringen Länge von 6,38 m ist sie durch eine doppelte dorische Säulenreihe in drei Schiffe geteilt. Deren Zweigeschossigkeit hat wohl mehr dekorative als architektonische Gründe. Ein Architekt des 5. Jhs. hätte keine Hemmungen gehabt, eine Decke und ein Gebälk über einer so reduzierten Spannweite zu errichten. Sie bildet den Rahmen, der für die klassischen Grundrisse notwendig ist, wo, nicht ohne Schwierigkeiten, in einem Schiff, das auf 3,05 m reduziert ist, die Präsentation der Kultstatue und ihres Baldachins, der zu dem Spiel der Säulen hinzukommt, organisiert wird.

Ein anderes Gebäude, ein wenig später erbaut, das Schatzhaus der Athener in Delphi, erreicht den gleichen Wert in der Harmonie der dorischen Formen. Es hat keinerlei Gegengewicht, ist eng und von geringer Dauerhaftigkeit, wo die oft übermäßige Kraft und das Gewicht der archaischen Strukturen einer Leichtigkeit, jugendlichen Kraft und einer Vibration Platz gemacht haben, die bald die Starre und Kälte der klassischen Linien auslöschen sollten. Plastik und Architektur begegnen sich mühelos in dieser Schöpfung.

Der Tempel des Zeus in Olympia erhält vielleicht durch die Person des peloponnesischen Architekten, Libon, schwerere Aspekte als der Tempel von Ägina, der doch älter ist, weil der Bau des Hauptgebäudes des Heiligtums des olympischen Zeus zweifellos um die Zeit von 470/460 v.Chr. angesetzt werden muß. Das sehr rauhe, fremdartige Material, Muschelkalk, wurde durch weißen Marmorstuck gemildert und von einer kraftvollen Polychromie belebt, in der das Blau und Rot der Triglyphen mit dem Milchweiß der Säulen und Mauern kontrastierte.

Auf dem Frontgiebel erhob sich in voller Herrlichkeit Zeus, der Herr des Ortes, der das für Onomaos tödliche Wagenrennen überwacht, in dem Pelops triumphieren sollte. Auf dem Giebel der Rückfront hält Apollo seinen schützenden Arm über die Lapithen ausgestreckt, die im Kampf mit den Kentauren liegen. Im Halbdunkel der inneren Portikus – an Pronaos und Opisthodomos – zeigten die Metopen die Arbeiten des Herakles, als Ehrung für die Siege des Wohltäters und Heros.

Die Masse des Tempels erhob sich auf einer künstlichen Erhöhung, die ihm eine beherrschende Stellung im Heiligen Hain gab. Mit dem Tempel von Olympia tritt die Anwendung der immer strenger werdenden Modulsysteme auf, aus denen die späteren Architekten ein oft verhärtendes Gesetz machten. Der Rhythmus der Säulenreihe, die den Vertikalen folgt, war berechnet auf der Breite des laufenden Interkolumniums (5,22 m oder 16 dorische Fuß). Von diesem Modul finden wir das Vielfache oder Teile davon bei der Berechnung für die Cella wieder (3×9 Module oder 48×144 Fuß) und in den verschiedenen Teilen des Gebälks: ein Halb-Modul

105. Agrigent. Tempel des Kastor und Pollux.
106. Paestum. Heratempel I, sogenannte Basilika. Grundriß.

für die Gruppe Triglyphe plus Metope (8 Fuß); ein Viertel-Modul für das Traufdach (Mutulus plus Via: 4 Fuß) und ein Achtel-Modul für die Länge der Randziegel (2 Fuß).
In einer dreischiffigen Cella erhob sich die Statue des Zeus, das Gold-Elfenbein-Standbild des Phidias. Die Werkstatt des Bildhauers wurde kürzlich ausgegraben und veröffentlicht. Sie ist eine Fundgrube kostbaren Materials, von dem man besonders die Werkzeuge nennen muß und die Spuren der Arbeit des Künstlers. Die Strenge der doppelten dorischen Säulenreihe, die, nach der Regel, die Cella teilte und den Rahmen für die Kultstatue bildete, wurde durch die Farbe des Bodens, der aus einem Mosaik von weißen Kieselsteinen bestand, sowie durch den Schmuck des Zubehörs, der um die Statue herumgruppiert war, gemildert. Pausanias (2. Jh. n. Chr.) gefällt sich darin, den bildhauerischen Schmuck aufzuzählen, und man wird den wirklichen Charakter dieser Architektur nicht würdigen können, wenn man sich nicht diesen Schmuck vorstellt. Nach den literarischen Zeugnissen war die Anpassung des Werkes des Phidias an den architektonischen Rahmen keinesfalls harmonisch gelöst. Drückend erschienen die zu großen Proportionen des sitzenden Zeus und der beengte Raum zwischen den Innensäulen. Es wird Aufgabe der Architekten der nachfolgenden Generation sein, im traditionellen Plan einen freien und luftigen Raum zu schaffen, der mit Leichtigkeit die Kultstatuen aufnehmen kann, die immer mehr an Bedeutung gewinnen.
Wir dürfen in dieser Entwicklung nicht die gemeinsame Arbeit von Architekten und Bildhauern vergessen, ganz besonders nicht die von Iktinos und Phidias am Parthenon. Dieser große Tempel der Athena Parthenos, das beherrschende Werk im Programm des Perikles auf der Akropolis von Athen, nimmt eine bevorzugte Stellung in der Geschichte der dorischen Architektur ein. Den Gesetzen der Vergangenheit unterworfen durch den Zwang, den ihm die früheren Planungen auferlegten, zeigt er die tiefen Wandlungen an, die das Ende der Vorherrschaft des traditionellen Stils und dessen schrittweise Entmachtung markieren.
Als 447 v. Chr. die Werkstätten des Parthenon in eine sehr aktive Phase treten, ist das Terrain weit davon entfernt, frei zu sein, sondern zahlreiche Zwänge begrenzen die Schöpfung des neuen Architekten. Ohne auf die Einzelheiten des Problems einzugehen – sie sind oft genug besprochen worden –, wollen wir versuchen, uns ein klares Bild von dem Zustand der Werkstatt zu machen, die Phidias und Iktinos übernahmen.
Thukydides malte das Bild der verzweifelten Stadt nach dem Unwetter der Perserkriege und der Besetzung des heiligen Felsens durch die Perser: »Was die Athener angeht..., so suchten sie ihre Frauen und Kinder dort, wo sie sie versteckt hatten, ihre Frauen

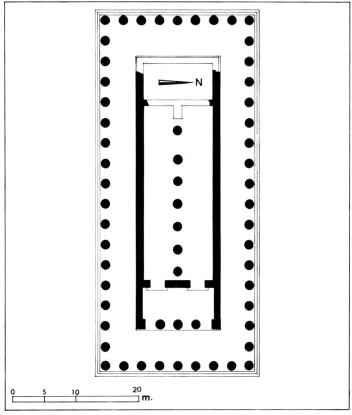

107. Paestum. Große Straße und die Tempel der Hera.

108. Paestum. Sogenannte Basilika. Teil eines Kapitells.

so gut wie ihre erhaltene Habe, und sie begannen die Stadt und deren Wälle wiederaufzubauen. Von der Umwallung stand so gut wie nichts mehr, und was die Häuser betrifft, so lag die Mehrzahl davon in Trümmern. Nur eine kleine Zahl war davon übriggeblieben, genau die, wo die persischen Würdenträger gewohnt hatten.« (I, 89, 3) Themistokles, getreu seiner Politik der Größe, ließ zunächst die Stadt und die Monumente liegen, um die Wälle und Piräus sowie seinen Hafen wiederherzustellen, die für die wirtschaftliche Unabhängigkeit Athens und für die Entwicklung seiner außenpolitischen Eroberungen notwendig waren. Die Mauern der Befestigung der Akropolis zeigen noch das Bild, das den weiteren Bericht von Thukydides illustriert: »So befestigten die Athener ihre Stadt in kurzer Zeit. Und aus der Konstruktion ersehen wir noch heute die Spuren von der Eile, mit der man dies tat.« In der Tat, die unteren Maueruntelagen sind aus verschiedenartigen Steinen zusammengesetzt und nicht überall untereinander angepaßt, sondern so hingelegt, wie man sie herbeibrachte. Die Säulen, die man von Gräbern weggenommen hatte, und schon bearbeitete Steine waren in großer Zahl darin verbaut.

Für die Wälle der Akropolis benutzte man also die Säulen und Gebälkstücke, die für den Bau des ersten Parthenon zugerichtet worden waren. Erst als an den Befestigungen und in der Stadt die Spuren der Invasion verwischt waren, dachten die Athener von neuem an die Götter und an ihre Akropolis.

Es war Kimon, dessen religiöse Skrupel wir kennen, der die ersten Programme in Gang setzte. Zunächst mußte man das Terrain zubereiten und im Süden den alten Wall wieder aufrichten. Ungeheure Erdaufschüttungen und Nivellierungsarbeiten ermöglichten es, die Tempelterrasse gegen Süden auszuweiten, wo der neue Tempel stehen sollte. Eine schöne Mauer, noch heute wohlerhalten, diente gleichzeitig dazu, das Heiligtum zu schützen und die neuen Terrassen abzustützen.

Dieser Teil des Programms, der durch die Funde im Erdaushub einwandfrei datiert ist, wurde von Kimon nicht beanstandet. Muß man ihm und seinem Architekten Kallikrates die Wiederaufnahme des Baus des Gebäudes zuschreiben, das zumindest im Süden bis zum Gesims gediehen war, wie es eine kürzlich erstellte Studie behauptet? Es läßt sich schwer verstehen, wie, nachdem Kimon tot und Kallikrates in Ungnade gefallen war, diese ganze südliche Säulenreihe hätte abgetragen werden können, um den neuen Plan von Phidias und Iktinos zu übernehmen.

Wie weit immer die Arbeiten fortgeschritten waren – und ohne daß man genau beurteilen kann, welchen Anteil Kimon an der Konstruktion des Gebäudes selbst hatte –, wissen wir doch, daß die beiden Künstler eine verwaiste Werkstatt übernahmen. Der Staat

109. Paestum. Sogenannte Basilika. Dorische Säulen.

110. Paestum. Die Tempel der Hera.

hatte sie beauftragt, den auf Veranlassung von Perikles konzipierten und ausgearbeiteten Plan in einer gleichzeitig nationalen und panhellenischen Weise auszuführen. Ein mächtiger Unterbau aus Kalkstein war vorhanden, zum Teil bedeckt und begraben durch die Terrassierungsarbeiten von Kimon. Die Krepis und gewisse Elemente der Säulenhalle, wenn nicht die ganze Säulenhalle, und das Gesims (wie es Rhys Carpenter behauptet) waren schon an Ort und Stelle und übten ihren Zwang aus, wollte man nicht alles abtragen, was nicht möglich war, denn die Verankerung des Gebäudes hing vom Unterbau und der Art des Terrains ab. Strenggenommen konnte man es nur ein wenig nach Westen verlängern und nach Norden verbreitern.

In der Tat entsprach der schon begonnene Tempel den traditionellen Bauten, wie wir sie auf Ägina und in Olympia gesehen haben. Er war ein Hexastylos (6 × 16 Säulen) mit verlängerten Proportionen (66,94 × 23,53 m), hatte eine Cella aus zwei Kammern, gemäß der Anlage des Apollotempels in Korinth und der des alten Athenatempels, der nahe im Norden stand. Die große Halle war ohne jede Originalität durch zwei Reihen von zehn Säulen in drei Schiffe geteilt, die zweite, mit quadratischem Grundriß hatte vier Säulen, wie sie der hintere Saal des späteren Parthenon, der Bau aus perikleischer Zeit, haben wird.

Die Ansprüche, die Phidias für seine Gold-Elfenbein-Statue hegte, und vielleicht auch die Vorschriften des Perikles, der aus diesem neuen Tempel das Symbol der Größe Athens machen wollte, vielleicht sogar das Abbild seiner panhellenischen Ambitionen, konnten sich mit diesem traditionellen Grundriß und mit dem Raum, den er bot, nicht zufriedengeben. Einem imposanteren äußeren Volumen mußte ein viel weiterer und gelösterer Innenraum entsprechen.

Der Architekt, der zweifellos aus wirtschaftlichen Gründen die Trommeln aus pentelischem Marmor verwenden mußte, die schon geschnitten und an Ort und Stelle aufgestellt waren, war den durch den unteren Durchmesser der Säulen gegebenen Bedingungen unterworfen.

Der Parthenon ist so das Resultat einer Reihe von Kompromissen zwischen zwei sich widersprechenden Forderungen. Aus ihnen versteht man besser die Anomalien und die Neuerungen, von denen einige weitreichende Nachwirkungen gehabt haben. Um zu vergrößern, vermehrt der Architekt, der die Joche nicht erweitern konnte, ohne die festgelegten Proportionen umzustoßen, die durch den Säulendurchmesser bestimmt waren, die Zahl der Säulen der Peristatis. Er benutzt den ungewöhnlichen Rhythmus von 8 Säulen an der Vorderseite, anstatt 6, und von 17 an den Längsseiten, anstatt 16. Die Breite des Umgangs wird verkürzt, was ihm erlaubt, die

111. *Paestum. Tempel der Athena.*
Rekonstruktion der Fassade.

112. *Paestum. Heraion am Silarus.*
Grundriß.

113. *Paestum. Heraion am Silarus.*
Rekonstruktion des Gebälks.

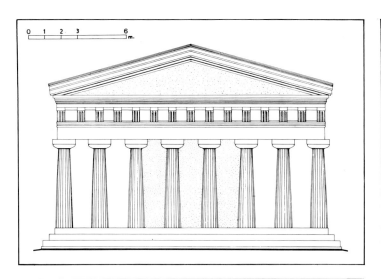

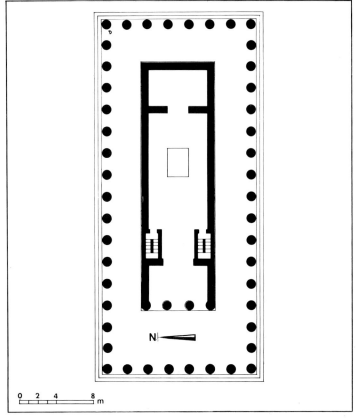

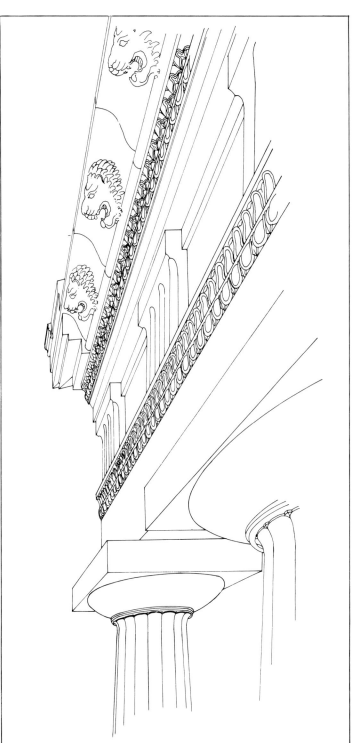

114. Paestum. Ionisches Kapitell vom Athenatempel. Paestum, Museum.
115. Ionisches Kapitell vom Tempel von Locri. Reggio Calabria, Museum.

116. Paestum. Heratempel II (= Poseidontempel). Grundriß.

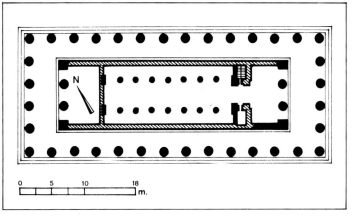

117. Paestum. Heratempel II (= Poseidontempel).

118, 119. Paestum. Heratempel II (= Poseidontempel). Innenansicht.

120. *Segesta. Innenansicht des Tempels.*

Cella auf 19 m lichte Breite zu vegrößern. Die totale Länge des Gebäudes wird ein wenig gestreckt (69,50 m anstatt 66,94 m), aber man gewinnt an Breite (38,88 m statt 23,50 m), indem man den Unterbau nach Norden vergrößert, weil man sich hier auf dem Felsplateau befindet und kinerlei Terrassierungsarbeit notwendig ist. Pronaos und Opisthodomos werden auf das äußerste verkleinert. Man unterstreicht die Hauptfassade durch eine zweite Säulenreihe, die die Prostylosanlage des ersten Entwurfs aufnimmt. Diese Umwandlungen wurden so geschickt berechnet, daß es dem Architekten gelang, zwischen den neuen Strukturen eine enge Modulbeziehung herzustellen, genau auf der Basis des Maßstabes, der ihm aufgezwungen war, dem unteren Säulendurchmesser. Dies haben die archäologischen Untersuchungen bestätigt. Das Verhältnis dieses unteren Durchmessers (1,95 m) zur Länge des laufenden Mittelabstandes (4,296 m) ist 4 : 9. Es findet sich wieder in den Maßen des Stylobats, zwischen der Länge (69,50 m) und der Breite (30,88 m) und in den entsprechenden Dimensionen der Cella. Es gilt ebenfalls für die Bestimmung der Vertikalen. Die Breite der Fassade und ihre Höhe bis zum horizontalen Traufdach und zum Ansatz des Giebels haben das gleiche Verhältnis 4 : 9. Diese geometrischen Proportionen gelten für die Pyramidalbewegung, die auf alle Außenlinien zurückwirkt: auf die Kurvung des Stylobats, die Einfluß auf das Gesims hat; auf die Neigung der Säulen nach innen und auf die Diagonalen. Es gelang dem Architekten, in einem System von einfachen Beziehungen und in den geometrischen Verhältnissen der Elemente eine Art von Garantie gegen die Wirkungen der Dispersion zu finden, die aus einem so komplexen und schwierigen Programm entstehen konnten.

Nachdem er die Konturen und die äußeren Volumina festgelegt hatte, war Iktinos frei, die inneren Räume nach den Wünschen des Bildhauers zu gestalten. Er erhält die zwei Säle, die im alten Gebäude vorgesehen waren. Der kleinere, der nach Westen offen ist, unter dem Opisthodomos, zeigt die gleiche Anlage von vier Säulen, die auf quadratischem Grundriß mit einem einzigen Aufschwung die Decke erreichen, die sie tragen. Iktinos hat sich des ionischen Stils bedient, um der Streckung der Proportionen zu entsprechen. Dies ist eine beachtenswerte Neuerung, die die ionische Ordnung in das Innere einer völlig dorischen Komposition übernahm. Durch diese halboffene Tür führte sich die Mischung der Stile in eine Architektur ein, die bis dahin sehr auf Homogenität bedacht war; das Umsichgreifen des ionischen Stils ließ sich nicht mehr aufhalten. In dem großen Saal wurde das traditionelle Motiv der dorischen Säulenhalle mit zwei Etagen erhalten, aber ihr Gebrauch kennzeichnet eine bedeutende Etappe in der Eroberung des Innenraums. Die

*121. Delphi. Die alte Tholos.
Rekonstruktion.
122. Delphi. Schatzhaus von Sikyon.
Herabgestürzte Kapitelle.*

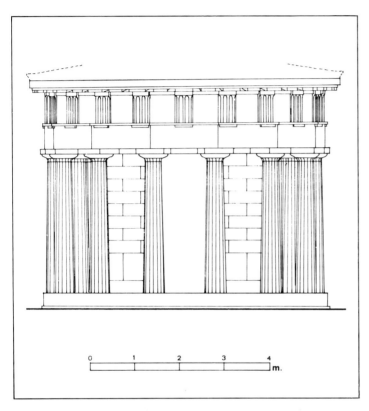

Säulenhalle wird nicht mehr in zwei Reihen angelegt, die drei fast gleiche Schiffe bilden. Die Säulen rücken näher an die Seitenwände, so daß ein Mittelschiff entsteht. Es hat die Form eines dreischiffigen Portikus mit zehn Säulen auf den Seiten und fünf Säulen im Mittelteil, der den Hintergrund bildet, von dem sich die Kultstatue abhebt. Sie erhält so einen monumentalen Rahmen, der ihren plastischen Wert betont. Der Erfolg dieser Formel enthüllt sich alsbald durch den Wechsel des Grundrisses, der im Hephaistostempel eingeführt wird. Er befand sich gerade im Bau auf dem Colonos Agoraios und stellte die westliche Begrenzung der Agora von Athen dar. Die Grundmauern dieses Gebäudes lassen die Umwandlungen erkennen, die es durch die innere Säulenhalle im Verlauf des Baus erlitten hat.

Der architektonische Wert des Parthenon wurde noch durch seinen plastischen Schmuck erhöht, der dem Gebäude erst seinen ganzen Sinn gab. Nach klassischer Tradition waren die Frontgiebel und die Metopen mit Bildhauerarbeiten geschmückt, deren Themen der legendären Geschichte Athens entnommen waren und die die großen Augenblicke des Eingreifens der Göttin Athena zeigten. Der Hauptfrontgiebel im Osten zeigte die Geburt der Göttin, die – ganz Parthenos – in vollem Waffenschmuck dem Haupte des Zeus entspringt. Die Olympier wohnen dieser Szene bei in einer ruhigen und heiteren Welt, die sie von den Giganten erobert haben. Die äußeren Metopen unter dem Frontgiebel zeigen, wie heftig und brutal es dabei zuging.

In der einen oder anderen Szene wurde der Triumph der Intelligenz, der Schönheit und des Lichtes über die boshaften Mächte der Schatten gefeiert. Der Sonnenwagen, im Eck des Giebels, stieg aus dem Meer auf, um den der Mondgöttin Selene zu vertreiben, deren Erlöschen ebenfalls symbolisch zu verstehen war.

An der Rückseite, im Westen, hatte der Pilger schon den Sinn dieses großen Gebäudes begriffen, wenn er die Szene des Westgiebels ansah: den Sieg Athenas über Poseidon, der ihr Attika streitig machte. Aber die Götter einigten sich schließlich endgültig über ihre Macht durch die Verbindung des Ölbaums und des Meeres, der beiden Quellen athenischen Reichtums. Zuschauer waren hier die legendären Familien, deren Gräber in der nächsten Nähe des heiligen Felsens lagen, Kekrops und Erechtheus, die inmitten ihrer Nachkommen thronen. Der geographische Rahmen war begrenzt durch die Flüsse, die Athen fruchtbar machten, der Kephissos und der Eridanos im Norden, der Ilissos und die Quelle Kallirhoë im Süden. Im Halbschatten des Umgangs, im Innern der Peristasis, aber hatte Phidias den enthusiastischsten Hymnus angestimmt, den das Volk von Athen zu Ehren seiner Schutzgöttin sang. Er selbst nahm an der Ehrung teil, die es ihr alle vier Jahre beim Fest der

123. Korinth. Tempel des Apollo.

124. Korinth. Tempel des Apollo.

125. Korinth. Tempel des Apollo.
Dorische Kapitelle.

126. Ägina. Tempel der Aphaia.

Panathenäen in der großen Prozession darbrachte. Erfüllt von jugendlichem Schwung beim Aufbruch, über dem westlichen Portikus – der ersten Ebene, die der Pilger entdeckte, wenn er sich dem Tempel näherte –, entwickelte sich der Zug in ganzer Fülle entlang der Nord- und Südseiten. Er beschwor sicherlich die Ratsherren der Stadt und das Volk, besonders aber die Jugend von Athen, die Epheben, die Arrhephoren, die Athenas Schleier trugen, die Dienerinnen der Gottheiten, die Amphoren voller Opfergaben brachten. Der doppelte Strom mündete in den Südost- und Nordwestecken auf dem Fries der Fassade, der wie die anderen Ehrenplätze einer Versammlung der Götter vorbehalten war, die das Volk von Athen empfingen, dessen bevorzugtes Schicksal so vor aller Augen dargestellt war. Architektur und Skulptur, Symbolismus und Realismus fanden sich hier in vollkommenem Gleichgewicht. Nach dem Parthenon war es schwer, etwas Neues zu bauen. Jedoch die Lehren der beiden großen Meister wurden nicht verkannt, und die Verbindung der Stile wie die der Disziplinen sollten noch einige ursprüngliche Werke hervorbringen, in denen die beiden charakteristischen Aspekte der zweiten Periode der klassischen Architektur im Lauf des 4. Jhs. aufblühten: die Meisterung der Innenräume und die Entwicklung der dekorativen Strukturen. Alle beide begünstigten die Ausbreitung des ionischen Stils innerhalb der äußeren Säulenhallen, getreu den strengen Regeln der dorischen Ordnung. In Attika bleiben die Architekten diskret dem Gebrauch der ionischen Formen verbunden. Der Tempel des Poseidon auf Kap Sunion, der Tempel der Nemesis in Rhamnus, sie erhalten die schlanksten Proportionen, sie akzeptieren die Zierleisten im Gesims oder am Fuß der Mauer, sie sind mit üppigen Malereien geschmückt. Aber dies sind nur leichte Umwandlungen, die die dorischen Strukturen nicht tiefgreifend verändern.

Anders ist es auf dem Peloponnes, wo das Eindringen des ionischen Stils eine klare Opposition schafft zwischen den äußeren dorischen Säulenhallen und den inneren Ordnungen, die völlig autonom und unabhängig werden. Der Apollotempel in Bassae illustriert diese neue Konzeption. Muß man Pausanias glauben, der ihn Iktinos zuschreibt? Das ist möglich. Die neue Idee könnte von dem athenischen Architekten stammen, aber die Ausführung wurde örtlichen Arbeitsgruppen überlassen, deren Technik traditionell bleibt und noch ungeschickt ist. Der Grundriß trägt gewisse archaische Züge durch die verlängerten Proportionen (14,48 × 38,24 m und 6 × 15 Säulen), durch die Tiefe des Pronaos, durch den ein wenig trockenen Stil der äußeren Ordnung. Aber das Innere enthüllt eine völlig neue Konzeption. Eine Anordnung von ionischen und korinthischen Säulen, die ein Gesims und einen Marmorfries mit Skulpturen und ein Kranzgesims aus Kalkstein

127. Ägina. Tempel der Aphaia. Innere Säulen.

128. Ägina. Tempel der Aphaia. Inneres des Naos.

129. Ägina. Tempel der Aphaia. Die Cella.

130. Ägina. Tempel der Aphaia.
Fundament.

tragen, steht in keinerlei architektonischer Beziehung zu den Außenstrukturen, weil die Decke, in der Art eines Satteldaches, und das Gebälk sich nur auf die Mauern der Cella stützen. Das ionische System ist eingefügt wie ein unabhängiger Schmuck. Ein erster Saal wird auf den Seiten durch Halbsäulen begrenzt, die auf die Außenpunkte von Zungenmauern gestellt sind, und im Hintergrund durch Halbsäulen und eine Rundsäule im korinthischen Stil, dem ersten Beispiel dieses Stils, das die griechische Architektur bietet. Die ionischen Kapitelle mit weit entwickelten Voluten sind ihrer Funktion und ihrem Platz angepaßt worden. Die Kehle, die die Voluten verbindet, zeigt eine ziemlich starke Krümmung und betont die Funktion des Stützens. Der Architrav aus Kalkstein ist durch Kehlstoß und Hohlkehle verziert. Darüber liegt ein Marmorfries mit Figuren. Das Ganze wird von einem Kranzgesims aus Kalkstein bekrönt. Jenseits der korinthischen Säulen erstreckt sich ein zweiter, kleinerer Saal, dessen Funktion ungewiß bleibt. Seine Unabhängigkeit wird durch die ungewöhnliche Anlage einer nach Norden sich öffnenden Türe betont. Handelt es sich hier um das Überleben des frühen Adyton? Oder wurde die Cella während der Bauarbeiten umgewandelt?

In Arkadien bietet uns einige Jahre später ein anderer Künstler, Architekt und Bildhauer, Skopas von Paros, eine ausgearbeitetere und harmonischere Form dieses Gedankens an, im Tempel der Athena Alea. Er erhielt gleichzeitig den Auftrag zum Tempelbau und zu dessen bildhauerischem Schmuck. Für das Äußere hat Skopas die traditionellen Normen gewahrt: verlängerter Grundriß (6 × 14 Säulen), regulärer Einsatz der Cella im Innern der Peristasis, Erweiterung der Joche der Fassade. Während er in den Proportionen die Tendenzen der Ordnung des 4. Jhs. zu verfeinerten Linien berücksichtigte, erweiterte er die Abstände, suchte er Leichtigkeit im Gesims. Der Gebrauch des Marmors bot größere Möglichkeiten als der Kalkstein. Im Inneren aber manifestiert sich der Schöpfergeist des parischen Künstlers. Er unterdrückt absichtlich die Säulenhalle oder die Scheidemäuerchen, die er in eine Art von Wandverzierung verwandelt und so an die Mauer klebt, daß sie das ganze Volumen der Cella freimachen. Und um die dekorativen Valeurs zu betonen, zwingt er die korinthische Ordnung mit einem sehr üppigen Kapitell hinein, gebildet aus einem Korb von Akanthusblättern mit Stielen und Kelchblättchen, die kraftvoll in tiefem Relief modelliert sind. Die korinthischen Halbsäulen ruhten auf einer Plinthe, die mit einer starken lesbischen Kehle versehen war und die Basen von klassischem Profil freigab. Sie trugen ein Band, das leicht vorsprang und den Architrav bildete, über dem man eine neue Ordnung von Wandverzierungen ergänzen muß, ohne Zweifel im ionischen Stil, aus Pilastern oder

131. Ägina. Tempel der Aphaia. Mauer des Naos.
132. Ägina. Tempel der Aphaia. Teil des Gebälks.
133. Olympia. Zeustempel.
134. Delphi. Schatzhaus der Athener.

135. Olympia. Westgiebel des Zeustempels. Olympia, Museum.
136. Olympia. Ostgiebel des Zeustempels. Olympia, Museum.

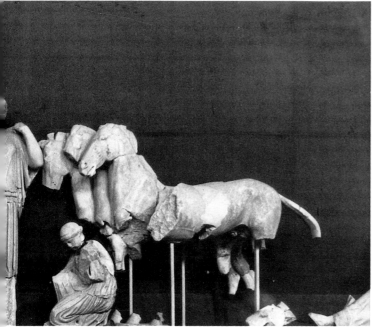

Halbsäulen. Die Sakralarchitektur des 4. Jhs. fand so ihre entscheidenden Züge, die sich mit einigen Varianten in den meisten Tempeln oder Heiligtümern der Epoche wiederfinden. Die Verbindung der Stile wurde die Regel. Die Entwicklung des Schmucks drängte sich auf. Die berühmte und geheimnisvolle Tholos von Epidauros, in den Baukostenanschlägen »Thymele« genannt, bezeugt nachdrücklich den neuen Geschmack, der zu einem großen Teil der Zusammenarbeit von Architekten und Bildhauern verdankt wurde, wenn nicht der Künstler selbst – wie Skopas – diese Doppelfunktion ausübte.

Der Rundbau, im letzten Drittel des 4. Jhs., zum Ruhme des Asklepios, des Heilenden Gottes, errichtet, erscheint als Meisterwerk der dekorativen Architektur, vor den Exzessen des Hellenismus. Erbaut auf einem künstlichen Erdhügel von etwa 3 m Höhe, zeigt die Tholos zunächst eine Krone von 26 schlanken, dorischen Säulen, denn das Verhältnis zur Höhe (6,82 m) zum unteren Durchmesser (0,99 m) erreicht eine Ziffer (6,82), die nahe bei hellenistischen Proportionen liegt. Architrav und Fries waren wie die Säulen aus Poros gearbeitet und mit Metopen geschmückt, die große Rosetten in einem sehr verfeinerten Stil trugen. In der als Omphalos behandelten Mitte entfalteten sich zwei Kelche, die jeder ein Dutzend Blütenblätter trugen, zwischen denen sich zwölf Lotosblüten entfalteten, die von einem langen, zwiebelartigen Stiel getragen wurden. Das konische Dach aus Marmorziegeln, begrenzt von einer Dachtraufe aus Laubwerk, endete in einer außergewöhnlichen, aus spiraligen Palmetten und Laubwerk gebildeten Blume, die aus einem Korb aus Akanthusblättern aufstieg. Die Höhe sollte 3 m betragen. So kündigten sich die Blütenmotive an, die sich in den anderen Teilen des Gebäudes ausbreiteten, verbunden mit der natürlichen Polychromie der Materialien und der korinthischen Ordnung, die für die innere Säulenhalle beibehalten wurde. In der Cella lösten sich 14 Säulen aus pentelischem Marmor aus einem Stylobat von schwarzem Stein. Das Kapitell kommt von weither. Der Korb besteht aus zwei Ringen von acht Blättern, die sich abwechseln und aus denen die tief gekehlten Voluten hervorgehen. Sie tragen die Ecken des Abakus. Im Zwischenraum steht eine Mittelvolute, die in einer Blume mit weit erblühten Blütenblättern endet.

Die Tholos von Epidauros steht am Ende einer langen Entwicklung, die es erlaubt, die dekorativen Werte mit den architektonischen Strukturen in labilem Gleichgewicht zu vereinen. Die Tholos stellt einen Wendepunkt dar, der den Weg für eine Architektur öffnet, in der die funktionellen Elemente bereit sind, zugunsten der Überlastung und des Einbruchs der dekorativen Systeme zurückzutreten.

137. Athen. Ansicht der Akropolis.
138 Athen. Plan der Akropolis.
139. Athen. Propyläen.

140. Athen. Parthenon, von den Propyläen aus gesehen.

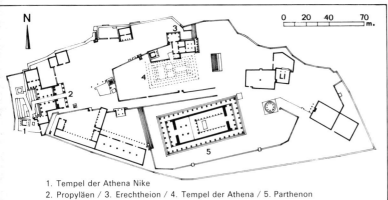

1. Tempel der Athena Nike
2. Propyläen / 3. Erechtheion / 4. Tempel der Athena / 5. Parthenon

DIE PROFANARCHITEKTUR

Der Glanz und der Reichtum der Sakralarchitektur werfen einen Schatten auf die Bauten, die mit der Entwicklung und dem politischen Leben der Städte verbunden sind. Man darf sie nicht vernachlässigen, denn sie sind der Widerschein der Bildung und Entwicklung der politischen Gemeinschaft, die das ureigenste Element des antiken Griechenlands ist.

Die ersten städtischen Bauwerke verschmelzen mit den Elementarformen des Hausbaus und haben keinen besonderen Platz in der Geschichte der Architektur. Erst im 6. Jh. treten Gebäude auf, in denen sich die Organe der Politik und Verwaltung, der Polis, einrichten und ihre Funktionen ausüben.

Die Bildung der ersten Agoren wird unsere Aufmerksamkeit im folgenden Kapitel über die Organisation des Raumes in Anspruch nehmen. Nur wenige Gebäude geben uns einen wirklichen Eindruck von dieser Architektur, die mit den Zusammenkünften und Versammlungen, den Prytaneen, verbunden ist, den Ratssälen oder Buleuterien oder den Theatern.

Das Prytaneum liegt im Herzen der Stadt. Es ist das Gebäude, in dem der Oberste Magistrat wirkt. Die Funktion bedingt die Struktur. Es birgt den Herd der Stadt, und in ihm wird der Kult der Göttin Hestia vollzogen. Es enthält die kostbaren Archive und dient dem gemeinsamen Leben, das dem Kollegium der Prytanen für die Dauer ihrer Amtszeit auferlegt ist. Religiöse und profane Funktionen sind eng miteinander verquickt, wie so häufig im Leben des Bürgers im alten Griechenland. Megara Hybla, Delos, Priene haben uns die besten Beispiele eines solchen Präsidialgebäudes bewahrt. Auf einem rechteckigen Grundriß erbaut, liegen die Säle nebeneinander; so die Kapelle der Hestia, der Speisesaal, in dem die Prytanen die Mahlzeiten gemeinsam einnehmen oder in den sie auswärtige Gesandte und bevorzugte Gäste aus der Stadt einladen, und schließlich der Raum zur Aufbewahrung der offiziellen Urkunden. Die Säle öffnen sich auf einen Hof, den ein oder zwei Säulenhallen und die Fassade selbst umrahmen. Die monumentale Fassade steht in enger Beziehung zu dem devorliegenden Stadtplatz. Die Volksversammlung wurde lange im Freien abgehalten, ehe sie ihre eigenen Gebäude erhielt, wie die Pnyx von Athen, oder ehe sie im Theater Aufnahme fand. Die Bule, der Rat der Alten, erhielt schon im 6. Jh. ein eigenes Gebäude, und die Entwicklung des Buleuterion illustriert die fortschreitende Eroberung des Innenraums, von der die Tempel allmählich profitierten. Die ersten Beispiele eines Buleuterion bleiben im rechteckigen Grundriß befangen. In Delphi, in Olympia bewahren die Ruinen das Bild von

141. Athen. Parthenon. Grundriß.
142. Athen. Parthenon. Schnitt.

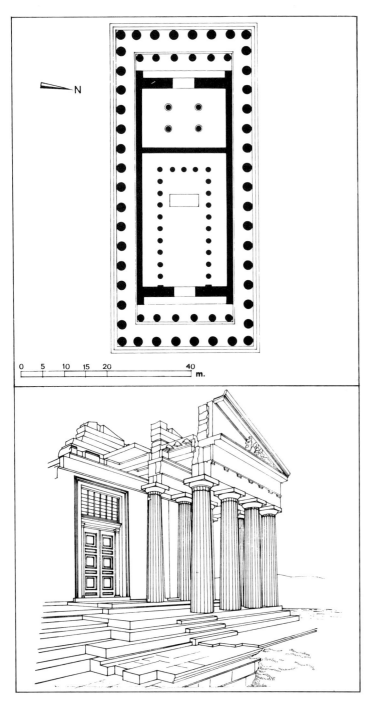

einfachen, prunklosen Sälen. Die Bänke der Senatoren reihten sich entlang der Seitenmauern, hie und da auch entlang des Mittelganges. Die römische Kurie wie das englische House of Commons illustrieren im Abstand vieler Jahrhunderte noch die Anlage des ursprünglichen Buleuterion.

Im 6. Jh. hat auf der Westseite der Agora ein athenischer Architekt versucht, die Stufen im Halbkreis um ein Rechteck zu ordnen. Die Fassade, mit einem Portikus geschmückt und von einem Brunnen flankiert, verlor sich in den angrenzenden Bauten. Der Versuch wurde nicht weiter verfolgt, und die nächsten Lösungen wurden über einem quadratischen Grundriß entwickelt. Man darf hier nicht den Einfluß des großen Versammlungssaales vergessen, in dem sich im Heiligtum der Demeter in Eleusis die Initiationsfeiern abspielten, um so weniger als der Name des Iktinos, des Erbauers des Parthenon, eine bedeutende Wegmarke dieser Entwicklung bildet. Zu Anfang des 6. Jhs. wurde der primitive heilige Ort, behandelt als rechteckiges Megaron mykenischen Typs, in eine große Halle mit doppelter Säulenreihe im Innern integriert. Noch war ihr Grundriß gestreckt, nur wenig anders als der der zeitgenössischen Tempel. Erst um 525 v. Chr., unter dem Einfluß der Pisistratiden, wird der Übergang vom Rechteck zum Quadrat im Grundriß vollzogen. Ein großer, regelmäßiger Saal (27 × 27 m) erhält auf drei Seiten geradlinige Stufen. Sie werden an der Südwestecke unterbrochen, wo man den Grundriß des frühen Megaron respektiert. Die Fassade liegt nach Osten, wo sich die drei Eingangstüren befinden, und wird durch einen langen Portikus betont, während der Innenraum durch fünf Säulenreihen in mehrere Schiffe geteilt ist, wobei die äußersten Säulen an die unterste Stufenreihe stoßen. Diese Lösung ist noch ungeschickt, denn die Dichte der Säulen und ihr enger Kontakt mit den Stufen beschneiden die Durchblicke und erlauben den Zuschauern nicht, die Zeremonien zu verfolgen, die sich im Innern abspielen. Iktinos gebührt das Verdienst, das bessere Projekt entwickelt zu haben. Er übertraf die Bemühungen der Architekten des Kimon, um 470, die versucht hatten, die Halle zu vergrößern und ihr durch das primitive Heiligtum einen Mittelpunkt zu geben. Iktinos nimmt das gleiche Prinzip auf, aber wie im Parthenon bemüht er sich, das Innenvolumen freizumachen. In diesem neuen, vergrößerten Saal (51,56 × 49,44 m) ist zunächst die Konvergenz gegen die Mitte hin besser definiert durch die Stufen, die um alle vier Seiten herumgeführt sind und den Raum bilden, aber durch je zwei Durchgänge, im Norden, Süden und Osten, größere Bewegungsfreiheit zulassen. Anstatt sieben Reihen zu sieben Säulen, wie es der Plan des Kimon vorsah, teilt er die zwanzig Stützen, die er beibehält, auf zwei konzentrische Kreise auf. Sie betonen den zentripetalen Aspekt der Anlage, machen die

143. Athen. Parthenon. Nordseite.

144. Athen. Parthenon. Östliche Säulen und Panathenäenfries.

145. Athen. Parthenon. Umgang des Peristyls.

146. Athen. Parthenon. Innenansicht.

147. Athen. Parthenon.
Säulen der Südseite.

148, 149. Athen. Parthenon. Teile von Gebälk und Giebel der Westfassade.

150. Kap Sunion mit dem Poseidontempel.

Durchblicke frei und öffnen Ausblicke, weil sie mehr als 10 m voneinander entfernt stehen. Man findet hier die Spannweite des Parthenon wieder. Es ist der erste große Saal der griechischen Architektur, den ein Gebälk bedeckte, dessen Anordnung man gern besser kennen möchte. Es würde dazu beitragen, den künstlerischen Wert des Ganzen zu unterstreichen. Wir müssen hinzufügen, daß die traditionellen Besorgnisse der Architektur, die sehr auf das Gleichgewicht des Volumens und auf die Verbindung des Gebäudes mit der Außenwelt bedacht bleibt, sich in den Außenportikus wiederfinden, die auf drei Seiten das Bauwerk des Iktinos stützen sollten. Diese Säulenhalle ist nicht verwirklicht worden. Der gegenwärtige Zustand des Saales von Eleusis hat uns die großen Grundgedanken des Iktinos bewahrt. Aber das 4.Jh. hat eine größere Anzahl von Innensäulen eingebaut und nur den archaischen Portikus an der Ostfassade wiederaufgenommen.

Erst in hellenistischer Zeit werden die Versuche des Iktinos sich voll auswirken und zu sehr weiten Bauten gelangen, wie dem Hypostylon in Delos. Aber mit dem klassischen Maß und dem Maßstab der zeitgenössischen Stadtbauten bewahren die Ruinen und die Texte die Erinnerung an diese Gebäude auf quadratischem Grundriß, an Säle für Versammlungen oder Schauspiele, für politische und profane Funktionen, die wohldefiniert sind.

In den Städten Kleinasiens sind mehrere Säle dieser Art erhalten: in Notion, in Nysa, in Priene. Der Bau vom Ende des 4.Jhs. in Priene bietet das vollkommenste und ausgewogenste Beispiel dieser Säle. Auf quadratischem Grundriß erbaut, stützte sich der Saal im Norden auf den gewachsenen Hang und öffnete sich nach Süden hin unter dem großen Portikus mit doppelter Säulenhalle, die den Rand der Agora bildete. Vom Portikus aus hatte man Zugang zum Buleuterion durch zwei Türen, zwischen denen sich eine Exedra befand. Im Mittelraum stand frei ein Altar. Die Stufen umgaben die drei anderen Seiten. Ganz oben reichten sie nicht bis an die Mauern des Gebäudes, sondern die letzte Stufe und die Mauer bildeten eine Galerie. Sie war von Pfeilern begrenzt, die die Decke trugen (je 5 im Osten und Westen, 6 im Norden). Die ursprüngliche Spannweite des Saales betrug 14,50 m. Man mußte sie auf Kosten des mittleren freien Raumes in der Folge verkleinern. Die innere Bewegungsfreiheit wurde durch vier Treppen gewährleistet, die zu je zwei an den Süd- und Nordseiten jedes Flügels lagen.

Unter den Nutzbauten, deren innere Anlagen eng ihrer Funktion angepaßt waren, darf man nicht das Arsenal von Piräus vergessen. Nach dem Kostenanschlag, der es beschrieb, wurde es von Philon erbaut. Mehr als 100 m lang, war das Gebäude als eine monumentale Galerie konzipiert, die den Militärhafen mit der Agora verband. Die Mittelallee war ein öffentlicher Durchgang für die Bürger,

151. Kap Sunion. Poseidontempel.

die – zwischen den Pfeilern, die ihn begrenzten – die Ausrüstung der Flotte, die dem Magistrat unterstand, betrachten konnten. Ein sehr schönes Gebälk in einfachen, aber kraftvollen Linien trug dazu bei, den monumentalen Eindruck dieses Gebäudes zu erhöhen, dessen Umrisse trotz des dorischen Frieses, der seine nackten Mauern krönte, etwas streng wirkten. Ein treffliches Beispiel klassischer Architektur, das seine Schönheit in der strengen Komposition fand, die seine Funktion erforderte. Sind solche Bauten auch weniger berühmt als die griechischen Tempel, so bezeugen sie doch die Meisterschaft der Architekten und deren Geschick, Räume zu gestalten, sowohl vor als auch neben den großen orientalischen, ägyptischen oder römischen Bauten, die ein anderer Geist erfüllte und die technische Entwicklungen erlaubten, zu denen den Griechen noch die Mittel fehlten.

Das griechische Theater blieb der Landschaft sehr eng verbunden und ist niemals ein völlig autonomes Gebäude geworden, obwohl es eine hervorragende Rolle im Städtebau spielte. Durch ihre religiöse Herkunft und ihre politische und soziale Funktion konnte die literarische Produktion eines Aischylos, Sophokles und Euripides nicht von der Aufgabe getrennt werden, die sie in der Stadt erfüllte.

Man konnte sie nicht im Inneren eines Saales einengen, da sie zu stark mit den Festen im Freien und den Volksversammlungen verbunden war. Zuerst ein einfacher Platz, der für Tänze und Chorgesänge reserviert war, hatte der Ort keinerlei architektonischen Charakter. Die Zuschauer drängten sich auf den umgebenden Abhängen oder auf provisorischen Holzbauten. Erst im 4. Jh. treten Steinstufen auf, die – im Halbkreis angelegt – die Orchestra umgeben, wo der Chor auftritt, während die Schauspieler sich mit einer Plattform begnügen, die sich kaum über die Bauten der Szene erhebt, die ihrerseits für die Kulissen und für Ersatzleute bestimmt sind. Der Schmuck unterlag einem strikten Schema. Erst in hellenistischer Zeit findet das Theater seinen Platz in der Geschichte der monumentalen Baukunst.

Die Organisation des Raumes und die Komposition der Gesamtanlagen

Die Entwicklung des Peripteros-Tempels, mit der fortschreitenden Entfaltung seiner äußeren Säulenhalle, enthüllt durch sich selbst den Sinn für Volumina und Plastizität, den die Griechen von allem Anfang an besitzen, und das in einem Milieu und mit den gleichen ästhetischen Problemen, wie die Bildhauer sie haben.

Man wird daher nicht erstaunt sein, daß sie sehr schnell den Wert der Beziehungen zwischen dem Gebäude und der Landschaft, zwischen den Gebäuden untereinander im Raum, der sie umgibt,

*152. Kap Sunion. Poseidontempel.
Teile des Gebälks.*
153. Kap Sunion Poseidontempel.

*154. Kap Sunion. Poseidontempel.
Teil der Säulen.*

erkannten und versuchten, den Raum zu organisieren, in den sie ihre Bauwerke stellten. Aber die Tendenzen, die wir während der ganzen archaischen und klassischen Epoche nachweisen können, werden nie zur Regel oder zum strengen Gesetz, wenn sie auch gewissen mathematischen Gedanken entsprechen, d.h. geometrischen, denn sie unterstehen niemals der reinen Ästhetik. Die politische Struktur der Stadt, die sozialen und wirtschaftlichen Bedingungen, die Entwicklung philosophischer Spekulationen haben alle ihren Einfluß auf die Organisation des Raumes im Rahmen des Stadtbildes ausgeübt, in dem die großen Bauwerke verwirklicht wurden. Daraus ergibt sich eine ziemliche Mannigfaltigkeit, die sich in zahlreichen Varianten äußert, je nach den Regionen der griechischen Welt, ja sogar nach der sozialen oder politischen Lage jeder einzelnen Stadt.

Man muß also hier sehr empfindlich für Nuancen sein und darf nicht versuchen, nach Vorschriften eines Kodex zu suchen, sondern muß den großen Tendenzen folgen, die die verschiedenen Aspekte des Lebens und der Geschichte der griechischen Stadt ausdrücken.

Der erste und auch älteste Versuch gilt dem Bestreben, die Wohnung des Gottes zur Geltung zu bringen und in ihrer Individualität zu erkennen. Sie ist eine in sich geschlossene Anlage. Die griechische Landschaft bot dazu ihre eigenen Hilfsquellen an. Aber noch war es üblich, den Tempel den Linien dieser Landschaft zu integrieren und ihn in sie einzupassen. Dies war der erste Erfolg. Ob er sich auf dem Gipfel eines Hügels erhebt – wie auf Ägina – auf einer durch das Relief der Landschaft sorgsam begrenzten Terrasse (Bassae, Rhamnus, Segesta, Heraion von Argos, Delphi) oder am Ende eines Vorgebirges steht (Sunion, Kroton, Panionion, Notion), ob er eine Stadtlandschaft beherrscht oder einrahmt (Athen, Agrigent, Paestum), ob er im Grunde eines Tales liegt oder an der Küste des Meeres (Samos, Didyma, Klaros, Kaulonia, Heraion von Poseidonia), immer behält der Tempel seine Individualität, fügt er sich in die Landschaft ein und ergänzt oder entwickelt ihre natürlichen Linien.

Aber es gibt Probleme, die verschiedenartige Lösungen gefunden haben und die unterschiedliche architektonische Elemente ins Spiel bringen, wobei sie den Rahmen des Heiligtums weit überschreiten. Wir werden sie nacheinander kennenlernen, wenn wir die Beziehungen der Hauptgebäude zu den mit ihnen zu einem Komplex verbundenen Bauten studieren, die Organisation des Raumes und seine Nutzung für das architektonische Gesamtbild, für die Heiligtümer oder für die Stadtplätze und schießlich die Bindungen und Verhältnisse zwischen den architektonischen Komplexen und dem städtischen Rahmen, dessen Tendenzen oder Charakter sie ausdrücken.

155. *Rhamnus. Blick auf Akropolis und Hafen.*
156. *Bassae. Apollotempel. Grundriß.*
157, 158. *Tegea. Tempel der Athena Alea. Schnitt und Grundriß.*

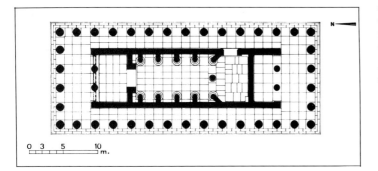

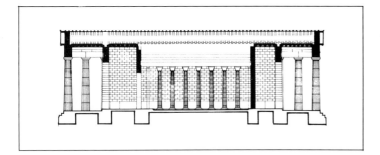

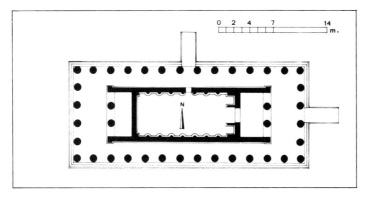

Die Beziehungen der Gebäude untereinander

Ob es sich um ein Heiligtum handelt, das aus mehreren Gebäuden besteht, oder um einen Stadtplatz, der die Elemente gruppiert, die für das öffentliche Leben einer Stadt notwendig sind, die Basis aller Zusammenhänge, die bei der Komposition mitspielen können, sind vor allem die funktionellen Bedürfnisse. In den archaischen Heiligtümern ist der Tempel, das Haus der Gottheit, isoliert und ganz individualisiert. Trotzdem unterhält er enge Verbindung mit dem Altar, dem Ort der Opfer, der zwar außerhalb liegt, aber sich nicht von ihm entfernen darf. Die rituellen Forderungen verlangen u.a. diese Bindung. Von hier kommt die – sehr schnell klassisch gewordene – Lage des Altars vor dem Tempel. Er ist mit ihm durch einen gepflasterten Weg verbunden und in seinen Proportionen mehr oder weniger genau der Entwicklung und dem Volumen der Fassade angepaßt. Hier gibt es zahlreiche Varianten. Sie finden ihre Erklärung häufiger durch die Kultformen als durch rein ästhetische Erwägungen. Man darf auch nicht vergessen, daß die Gläubigen der Zeremonie des Opfers folgen und an Prozessionen teilnehmen sollen, die sich um das Heiligtum herum entfalten. Sie sollen die Zurschaustellung der Kultstatue begleiten, wenn sie – aus Anlaß der großen Feste – ihren Tempel verläßt, um in der Öffentlichkeit zu erscheinen und – oft nach gewissen Reinigungsriten – den Augen der Frommen dargestellt zu werden.

Mit der Entwicklung des Monumentaleingangs, des Propylon, stoßen wir auf die ersten Versuche zu einer Komposition. Je nach seinem Platz in bezug auf den Tempel, sichert er dessen Zurschaustellung unter verschiedenen Gesichtswinkeln, mit dem mehr oder weniger klaren Ziel, ihn zur Geltung zu bringen.

Man muß sich merken, daß von allem Anfang an die Architekten die frontale oder axiale Präsentation vermieden haben. Man entdeckt das Gebäude erst allmählich und nach und nach unter schrägen oder diagonalen Blickwinkeln. Die Heiligtümer der Athena auf Ägina, die ersten Gebäude auf Delos, die Überfahrt, die den Pilgern zum Heraion von Samos aufgezwungen war, wie zu der Altis von Olympia, die Anlage des ersten Heiligtums auf der Akropolis von Selinunt, sie alle zeigen diese Besorgnis, deren am meisten verfeinerter Ausdruck von den attischen Architekten auf der Akropolis von Athen verwirklicht wurde.

Die Propyläen des Mnesikles haben dort die subtilen Verfeinerungen von Kallikrates und Iktinos hinsichtlich des Parthenon berücksichtigt. Während sie die Eigenständigkeit jedes einzelnen Gebäudes, das in einem Abstand von Jahrzehnten begonnen und gebaut wurde, respektierten, haben die Architekten enge Beziehungen unter ihnen hergestellt, sowohl hinsichtlich ihrer räumlichen Lage als auch ihrer mathematischen Proportionen. Immer von neuem

159. Bassae. Apollotempel. Südlicher Säulengang.

muß man die Geschicklichkeit des Mnesikles bewundern, der seine Propyläen in die schwierigsten topographischen Verhältnisse eingefügt hat. Er tat dies mit schönen architektonischen Erfindungen, um den verschiedenen Funktionen des Gebäudes zu entsprechen. Er mußte die Rechte des Heiligtums der Athena Nike respektieren, im Süden begrenzte ihn der heilige Boden der Artemis. Er war gezwungen, den alten Teil der Propyläen aus dem 6. Jh. zu übernehmen und sich der Führung der heiligen Straße anzupassen. Allen diesen Schwierigkeiten zum Trotz hat Mnesikles ein Bauwerk errichtet, das ihnen Rechnung trägt und doch eine tiefe und echte Einheit erhält. Er hat den fundamentalen Rhythmus der archaischen Propyläen berücksichtigt, die mit fünf Türen den Zugang zum heiligen Bezirk öffneten und eine Quermauer durchbrachen, die den Gang durchschnitt, den zwei Seitenmauern begrenzten. Aber eine leichte Richtungsverschiebung rückte die Achse des Gebäudes in Beziehung zur Einmündung der heiligen Straße und zur Ost-West-Achse der Tempelterrasse, wobei sie den Parthenon und die ganzen Bauten auf der Terrasse vom Erechtheion trennte.
Um die aufsteigende Bewegung der Prozession zu respektieren und zu unterstreichen, wurde der Mittelbau der neuen Propyläen mit seinen fünf Türen dorthin gestellt, wo der Abbruch des Hügels am stärksten betont ist. Er erhielt einen Unterbau von fünf Stufen, die die Differenz zwischen den beiden Ebenen ausglichen. Die Kontinuität der Bewegung wurde unterstrichen durch die Bedeutung der Mitteltür (4,13 m breit und 7,38 m hoch), vor der die Stufen unterbrochen waren, um dem Wagen der Göttin die Durchfahrt zu gestatten, und durch die Verbreiterung des entsprechenden Joches im Westportikus (5,34 m, anstatt 3,62 m für die Seitenjoche). An der Außenseite, zum Empfang der Prozession, war eine Fassade von sechs dorischen Säulen auf einer Krepis von vier Stufen aufgebaut, die sich rechtwinklig drehte, um die Säulenhallen der Seitenfassaden zu unterstützen, die die Ankunftsterrasse rahmten. Die Schwierigkeit aber war, den Zugangsweg zum Innern des Vestibüls zu gestalten. Denn jetzt entstehen die Wechselbeziehungen zum Hauptgebäude des Heiligtums. Die Breite des Vestibüls beträgt 18,12 m, analog der Breite der Hauptcella des Parthenon. Die Tiefe von 12,96 m entspricht auch der der Westcella. Außerdem wurde die ionische Ordnung, die die Decke dieses Saales trug, von Mnesikles für die Anlage des Vestibüls übernommen, eine Art Präludium für die Komposition des Iktinos. Am Rande des Mittelweges, der zum großen Mitteljoch hinaufführte, erstellte Mnesikles zwei Reihen von drei ionischen Säulen, deren schlanke Proportionen alle klassischen und hellenistischen Normen übertreffen. Die Schiffe waren mit Kassettendecken aus Marmor gedeckt. Ihr Marmorgebälk war ebenfalls mehr als 6 m lang.

160. Bassae. Apollotempel. Die ionischen Säulen im Innern der Cella.
161. Bassae. Apollotempel. Außenmauern der Cella.
162. Bassae. Apollotempel. Teil der Cellamauer.

Mnesikles bediente sich hier einer ungewöhnlichen Technik, um die Architrave zu stützen, die diese Decken trugen, indem er sie mit einem Metallstab »armierte«. Trat der Pilger endlich unter dem Ostportikus hervor, so fiel sein Auge auf die ungleichen und dissymmetrischen Volumina des Parthenon im Süden, des Erechtheion im Norden, beiderseits der Mittelachse, die durch die Opfergaben und die Statuen oder Gruppen von einzelnen Statuen abgesteckt war. Die Einzelheiten und der Schmuck eines jeden Monuments enthüllten sich ihm nur allmählich im Vorbeischreiten. Unter einer Winkelöffnung sah er dann zum erstenmal das mächtige Volumen des Parthenon, das durch die Klarheit der Westfassade und die Entwicklung der nördlichen Säulenhalle, die er mit einem Blick ergriff, zur Geltung gebracht wurde. Hier wird bewußt und systematisch jegliche axiale Präsentation vermieden, eine symmetrische Komposition absichtlich verworfen.

Mit den Abweichungen, die die Landschaft und der Baugrund geboten, begegnen wir den gleichen Schwierigkeiten bei Gesamtanlagen, die so verschieden sind wie Delphi und Olympia. Der Pilger, der die heilige Straße am Fuß der Phaedriaden emporsteigt, entdeckt allmählich, von Ebene zu Ebene fortschreitend, die Opfergaben für Apollo, die alle unter verschiedenen Blickwinkeln aufgestellt sind. Nach den großen Gruppen von Skulpturen, die den ersten Teil schmückten, geht er entlang am Schatzhaus von Sikyon, entdeckt die Rückseite des Schatzhauses der Siphnier, dessen üppige Fassade mit den Karyatiden sich ihm erst nach der Wegbiegung enthüllt, dann, wenn er schon das Schatzhaus der Athener in seiner ganzen Fülle vor sich hat. Beim weiteren Aufstieg sieht er jenseits der Säulenhalle des Portikus der Athener und über der polygonalen Mauer den First der Säulenhallen des Haupttempels, dessen Fassade er erst, gleichzeitig mit seiner nördlichen Längsseite, erblickt, wenn er im Nordosteck die Tempelterrasse betritt, aber erst nachdem er die blaue Kalksteinmasse des Chiosaltars umrundet hat. Dann ist er im Herzen des Heiligtums, das sich ihm im Fortschreiten unter den verschiedensten Blickwinkeln offenbart hat.

Der Tempel des Zeus im Heiligen Hain von Olympia steht nicht im geometrischen Mittelpunkt, er spielt nicht die Rolle eines bestimmenden Elements, und doch beherrscht er die Reihen der Säulenhallen, die die Schritte des Pilgers seit seinem Eintritt im Nordwesten begleitet haben. Hier kann man den Tempel mit einem Blick erfassen, der die Westfassade und die nördliche Längsseite umgreift, an der man entlanggehen muß, um die Hauptfassade und ihren Frontgiebel zu betrachten. Hier präsidiert Zeus beim historischen Wagenrennen des Pelops, der dabei gleichzeitig die Hand der Hippodameia und die Vorherrschaft über Elis gewinnt. Der Aufzug der Wettkämpfer bei den Olympischen Spielen folgte einem

163. Delphi (Marmaria). Athenaheiligtum. Die Tholos.

164. Delphi (Marmaria). Athenaheiligtum.

165. *Delphi (Marmaria).*
Athenaheiligtum. Die Tholos.

166. *Delphi (Marmaria).*
Athenaheiligtum. Teil der Krepis.

gewundenen Weg zwischen verschiedenen Säulenreihen, um das offene Tor des Stadions, am Fuß der Terrasse der Schatzhäuser, zu erreichen, die mit Stufen eingefaßt war, auf denen sich die Masse der Zuschauer drängte. In allen diesen Gesamtanlagen finden wir die gleichen Prizipien, die die Gebäude in ungewissen und beweglichen Beziehungen miteinander verbinden, die die Volumina in bezug aufeinander spielen lassen, aber ohne sie in die strengen Linien einer geometrischen Komposition zu bannen. Erst in der darauffolgenden Epoche werden die hellenistischen Architekten unter komplexeren Einflüssen in ihren weitläufigen Schöpfungen Regeln der Organisation aufstellen, in denen Axialität und Symmetrie die Anlage der Gebäude und der monumentalen Massen beherrschen werden.

Die Organisation des Raumes in der architektonischen Gesamtanlage

Die funktionellen Beziehungen der Gebäude, die in einer Gesamtanlage vereint waren, ob Heiligtum oder öffentlicher Platz, bestimmen die Grundsätze, nach denen sich ihre Gruppierung im Raum richtet.

Dabei müssen wir vor allem die bestimmten und begrenzten Konturen des für sie reservierten Raumes festhalten, die von dem geweihten Charakter dieser Zonen abhängen. Das Heiligtum bildet einen Temenos, was ethymologisch einen aus dem Raum herausgeschnittenen und der Gottheit geheiligten Bezirk bedeutet. Eine Umgürtung, dargestellt durch eine Mauer oder einfach ein paar Malsteine, begrenzt die Ausdehnung der Bauten. Das gleiche gilt für die öffentlichen Plätze, die Agoren, die zum öffentlichen Leben gehören und durch religiösen Bann geschützte Zonen bilden. Diese geheiligten Bezirke verlangen eine architektonische Komposition, die selbst begrenzt ist und die man nicht in einen unbestimmten Raum stellen könnte. Seit dem 8. und 7. Jh. erscheinen diese Kennzeichen auf Baugründen, die wir mit Absicht sehr weit auseinanderliegend wählen, im Heiligtum der Hera auf Samos und auf der Agora von Megara Hybla. Im folgenden Jahrhundert können wir die Bildung des Hauptheiligtums auf der Akropolis von Selinunt verfolgen. Das Vorgehen ist stets das gleiche: Um der einfachen Einfassungsmauer und den Umgrenzungen des heiligen Bezirks eine bestimmtere Struktur zu verleihen, geben ihr die Architekten den Portikus, zunächst eine Säulenhalle aus Holz. So entsteht in Samos hinter dem Tempel und als Begrenzung des Heiligtums die erste Stoa, die wir kennen, mit ihren Holzpfeilern, deren Steinbasen erhalten geblieben sind.

Gegen Mitte des 7. Jhs. greift die Agora von Megara Hybla auf die gleichen Quellen zurück. Der Platz wird von den Straßen und

167. Epidauros. Die Tholos. *168. Epidauros. Tholos. Schnitt.*
169. Epidauros. Tholos. Grundriß.

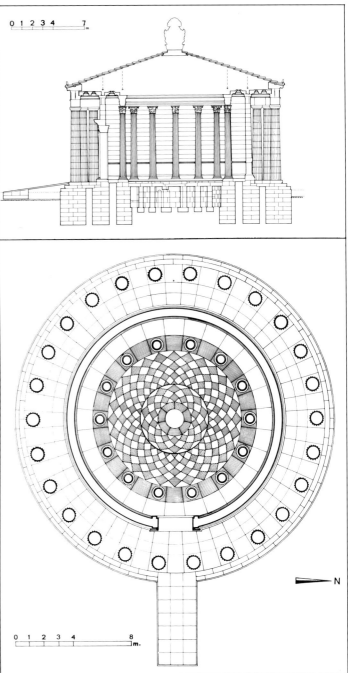

170. Epidauros. Tholos. Korinthisches Gebälk. Epidauros, Museum.

171. Epidauros. Tholos. Korinthisches Kapitell. Epidauros, Museum.

benachbarten Wohnquartieren im Norden und Osten durch zwei einfache Stoa abgetrennt, die sich zum Platz hin öffnen. Im folgenden Jahrhundert, auf der Akropolis von Selinunt wie im Heraion von Samos, betont die Stoa, die zwei rechtwinklig verbundene Flügel hat, die Funktion dieser Säulenhallen.

Sie schließen nicht nur den Raum und begrenzen ihn genau, sie schaffen auch ein dekoratives Motiv. Sie bilden nämlich den Hintergrund, von dem sich mit großer Schärfe der Tempel, der Altar oder die Hauptgebäude der Agora abheben, die den Pilgern oder den Bürgern der Stadt Schutz und Zuflucht gewähren. Der Nutzwert dieser Portikus sichert ihnen eine schnelle Verbreitung. Sie bieten große, gedeckte Flächen, die gegen Ende des 5. Jhs. in Säle oder Läden umgewandelt werden und auf der Agora von Athen und in dem Heiligtum der Artemis Brauronia in Attika die Verwaltungsarbeit oder die Religionsausübung gewährleisten. Damit war eines der Hauptthemen für architektonische Gesamtanlagen gestellt. Es wird sich immer weiter entwickeln und sich der Lage des Ortes und den Funktionen anpassen, die es erfüllen soll. Im 5. Jh. gelingt ein neuer Fortschritt durch die Erweiterung der Portikus, die einen zusätzlichen Flügel erhalten, so daß sie nun den Raum von drei Seiten umschließen. Das erste Beispiel dieser Art scheint die Stoa des Heiligtums der Artemis in Brauron zu sein, an der Nordostküste Attikas. In dieser Art von Kloster, in dem junge Athenerinnen lebten, um sich dem Kult der Artemis zu widmen, stand ein kleiner Tempel mit heiliger Quelle, der sich im Süden gegen den Felsenhang lehnte. Das gegen Norden hin entwickelte Heiligtum bestand aus einem Portikus mit drei Flügeln, dessen Mittelteil mit einem Innenhof in Verbindung stand und mit einem anderen Parallelbau, wo die Opfergaben niedergelegt und aufbewahrt wurden.

Hinter den Nord- und Westkolonnaden lagen Säle, deren Einrichtung ihre Funktion beweist: Es waren die Säle, in denen die Dienerinnen der Göttin gemeinsam ihre Mahlzeiten einnahmen. Der Tempel, verschoben im Verhältnis zur Achse der Portikus, schloß diese Komposition ab, die um einen fest bestimmten Raum herum organisiert war.

Im Innern der so festgelegten Zonen herrschte hinsichtlich der Lage der Gebäude ziemlich viel Freiheit. In den Heiligtümern bildete der Tempel einen Anziehungspunkt für die Opfergaben, die entlang der heiligen Straße oder im Kreis um die Tempelterrasse herum aufgestellt wurden, wenn dies der Baugrund erlaubte. Auf Delos stehen im 6. und 5. Jh. die Schatzhäuser im Halbkreis um das geheiligte Areal, auf dem die Tempel des Apollo liegen, während das Artemision, das durch die Stoa der Naxier klarer definiert und im rechten Winkel erbaut ist, seine Weihegaben rund

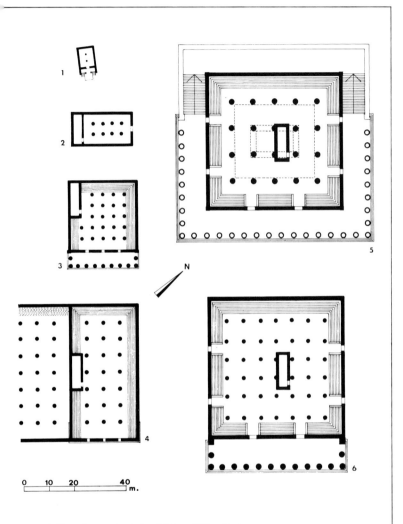

172. Eleusis. Telesterion. Abfolge der verschiedenen Grundrisse.

1. Tempel aus mykenischer Zeit (vor 1200 v. Chr.)
2. Megaron aus der Zeit Solons (vor 560 v. Chr.)
3. Telesterion zur Zeit der Pisistratiden
4. Telesterion zu Beginn des 5. Jh. v. Chr.
5. Projekt des Iktinos
6. endgültige Lösung

173, 174. Eleusis. Telesterion.
175. Priene. Die Agora.

176. Priene. Buleuterion.

177. Priene. Buleuterion. Rekonstruktion.
178. Piräus. Arsenal. Rekonstruktion.
179. Piräus. Arsenal. Schnitt.

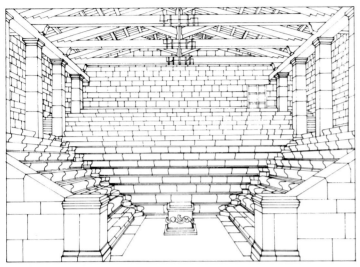

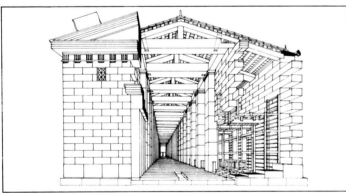

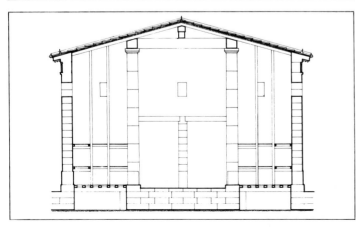

um diese Tempelterrasse und entlang der heiligen Straße, die vom Hafen kommt, aufstellt. Diesem doppelten Prinzip begegnen wir ebenfalls in Samos. Der Tempel mit Altar und Umfriedung, die den Heiligen Baum der Hera mit einschließt, bildet die Hauptmasse, die zwanglos von kleinen Gebäuden umgeben wird, die man der Gottheit dargebracht hat. Die Basen und die Kapellen reihen sich gleichmäßig auf beiden Seiten der heiligen Straße. Diese fortschrittlichen Gruppierungen, die ein wenig archaisch sind, spiegeln die lebendige Entwicklung des Heiligtums und oft auch die Komplexität und Verschiedenartigkeit der Nebenkulte wider, die dem der Hauptgottheit beigeordnet waren.

Auch die Gruppierung der Gebäude auf der Agora beherrscht ein funktionelles Prinzip. Das erste Beispiel dafür erscheint in Megara Hybla, in der Mitte des 7. Jhs., als die Stadt sich nach einem klar festgelegten Plan organisiert. Die Nord- und die Ostseiten des trapezoidalen Platzes werden von Säulenhallen begrenzt. Im Süden liegen auf einer Linie zwei rechteckige Tempel ohne Peristasis. Die Beziehung zu den Wohnbezirken, die an den Platz anschließen, bleibt schlecht bestimmt. Die Westseite stützt sich auf die eine der großen Verkehrsadern des Stadtplans. Jenseits dieser Straße reihen sich verschiedene Gebäude, die alle eine öffentliche Funktion haben, sei es Verwaltung oder Kult.

Von Norden nach Süden finden wir Heiligtümer, deren Anlage (bothroi, Tische mit Näpfchen) an Heroenkulte denken lassen, dann ein unbekanntes Gebäude, dann eine Anlage, die klar den Grundriß eines Prytaneums erkennen läßt.

Zu Beginn des 6. Jhs. gibt sich die Stadt Athen – deren Entwicklung zum demokratischen Regime durch die Reformen Solons endgültig bestimmt ist – den architektonischen Rahmen, der ihr Regime symbolisiert und die ersten Organismen aufnimmt, die für sein Funktionieren wichtig sind. Die Agora löst sich von der Akropolis. Am Westrand, am Fuß des Colonos Agoraios, reihen sich wie in Megara die religiösen und politischen Gebäude: das erste Heiligtum des Zeus, der den Beinamen Agoraios annehmen wird, die Tempel des Apollo, der Demeter, das Buleuterion und das Prytaneum, das vor der Tholos da war. Es ist eine Reihenfolge ohne Ordnung; die Gebäude haben verschiedene Grundrisse, und es wird sehr schwierig werden, ihre Fassaden regelmäßig zu gestalten, wenn der hellenistische Stil Kolonnadenreihen verlangen wird. Die Grenzen der öffentlichen Zone der Agora waren durch Malsteine bestimmt, von denen mehrere an ihrem ursprünglichen Ort wieder aufgefunden wurden. Im Verlauf des 5. und 4. Jhs. werden die Konturen des Platzes regelmäßig und schmücken sich mit dem gleichen Gewirr öffentlicher und religiöser Gebäude. Im Nordwesten, im Norden und gegen Süden werden Portikus zu Nutzzwecken gebaut.

180. Dodona. Theater.

181. Dodona. Teil des Theaters. ▷

182. Priene. Theater.

Sie sollen Büros aufnehmen, Versammlungsräume, Gerichtssäle und Galerien, in denen Gemälde die geschichtlichen Höhepunkte der Stadt feiern. Ein Zeugnis des Demosthenes aus der zweiten Hälfte des 4. Jhs. und die Ruinen, die die Amerikaner ausgegraben haben, erlauben es, uns das Volksgewimmel vorzustellen, das reich an Leben und Farben die Agora von Athen erfüllte.
Ihre Bauten entsprachen keinerlei organisatorischem Prinzip, aber sie gewährleisteten die vielfältigen Funktionen des öffentlichen Platzes als Symbol der athenischen Demokratie: »Es war Abend. Man hatte soeben den Prytanen die Besetzung von Elatäa (durch Philipp von Makedonien) verkündet. Sofort erhoben sie sich vom Mahl. Die einen verjagten die Leute aus den Läden und von der Agora und legten Feuer an die Buden, während die anderen die Strategen zusammenriefen und die Trompete blasen ließen. Die ganze Stadt war kopflos.«

Beziehungen der architektonischen Gesamtanlagen zum städtischen Rahmen: Die Geburt des griechischen Städtebaus
Eng verbunden, wie sie mit den politischen und sozialen Strukturen der griechischen Stadt sind, kann man die architektonischen Gesamtanlagen, Heiligtümer, Agoren und Gymnasien, nicht vom städtischen Komplex trennen, der den wesentlichen Rahmen der politischen Gemeinschaft bildete. Man kann das um so weniger, als die hellenische Konzeption des Stadtstaates die Autonomie und Unabhängigkeit aller Institutionen forderte, die seine Originalität ausmachten. Die Stadt war es also, die den Prinzipien der architektonischen Komposition ihren Stempel aufdrücken sollte.
Diese Prinzipien und Beziehungen hängen von den historischen Bedingungen ab. In den antiken Städten führte die fortschreitende Wandlung die traditionelle Abfolge der Regimes, wie sie Plato bestimmt hat, herbei – nämlich: das Königtum, aus mykenischer Tradition hervorgegangen; die Oligarchie oder Aristokratie, in den Händen der Großgrundbesitzer; dann die Demokratie, die durch die Entwicklung der beweglichen Güter und die Zunahme der Handelsbeziehungen eingeführt wurde.
Die Akropolis, Sitz des königlichen Palastes, der mit dem Tempel der Stadtgottheit verbunden ist – beherrscht die Stadt und bildet deren monumentale Krone. Die Agora dagegen mit ihren öffentlichen Bauten und ihren Handelsfunktionen ist erst eine spätere Erscheinung; sie liegt in der Neustadt und wendet ihr Gesicht nach außen und in Richtung der Häfen.
Athen ist ein gutes Beispiel für die architektonische Entwicklung des antiken Typus, der sich Plänen der zweiten Art widersetzt. Hier wird der Stadtraum, gemäß den sozialen und wirtschaftlichen Funktionen der Stadt aufgeteilt. Aus ihnen entsteht das System der

183. Epidauros. Theater. 184. Segesta. Theater.
185. Egostena. Befestigungsturm.

186, 187. Eleuthera. Befestigung. 188. Agrigent. Tempel des Kastor und Pollux.

◁ 189. Paestum. Poseidontempel. 190. Paestum. Die Basilika. 192. Segesta. Der dorische Tempel,
191. Agrigent. Concordiatempel. vom Theaterhügel aus gesehen.

193. Athen. Propyläen.

Baugrundstücke im Innern eines mehr oder weniger quadratischen Stadtplans. Die architektonischen Gesamtanlagen finden ihren Platz im Inneren dieses Rasters, wo ihnen bevorzugte Plätze reserviert sind. Milet ist das Beispiel für diesen Typ. Es ist zu unterstreichen, daß gleichzeitig und unter fast vergleichbaren historischen Bedingungen die beiden Städte völlig verschieden reagiert haben. Milet, in ein Ruinenfeld verwandelt, nach dem Durchzug der Perser, die es 494 v.Chr. vom Erdboden vertilgt und seine Einwohner vertrieben hatten; Athen, 480 erobert, die Bauten auf der Akropolis verbrannt und ein Teil der Stadt in Asche gelegt, das sind die Ausgangspunkte der beiden Ste für ihren Wiederaufbau. Athen bleibt dem alten Typus treu, Milet nimmt ohne Vorbehalt den regelmäßigen, rechtwinkligen Grundriß und seine geometrische Anlage an.

Athen bleibt eng gebunden an seine Akropolis, ehemals Sitz des Königspalastes und der legendären Familie der Kekropiden, und nun völlig dem Kult der Götter geweiht. Aus den alten Texten wissen wir, daß seine früheste Agora, in archaischer Zeit, sich an den unteren Westabhängen der Akropolis angesiedelt hatte – fast am Fuß der mykenischen Mauer, die noch an einigen Stellen erhalten ist.

Die Stadt selbst entwickelte sich im benachbarten Tälchen, zwischen Areopag und Pnyx, nach Süden zu, während im Norden die Nekropolen lagen. Es war eine enge und gedrängte Stadt mit krummen Straßen, ganz um den herausragenden heiligen Felsen und dessen Bauten geschmiegt. Erst mit Solon, zu Beginn des 6. Jhs., und mit seinen sozialen Reformen vollzieht sich die Öffnung. Zwischen der befestigten Zone der Akropolis und den neuen Quartieren der Handwerker und Kaufleute entsteht die neue Agora, am Platz der alten Nekropolen. Die alten Wege bestimmen die Achsen der Aufteilung der Gebäude. Die Nord-Süd-Straße, am Ende des 6. Jhs. durch Malsteine abgesteckt, die sagen: »Ich bin die Grenze der Agora«, bildet den Rand mit Verwaltungsgebäuden (Prytaneion, Buleuterion, später die Archive) und Sakralbauten (Kult der Demeter, des Apollo Patroos, des Zeus Phratrios, des Zeus Agoraios). In der Diagonalen, von Nordwesten nach Südosten, wird diese Straße von der großen Straße der Panathenäen gekreuzt, deren Verlauf jahrhundertelang unverändert bleibt.

Die Funktion, Beziehung und Verbindung herzustellen, die diesem neuen Platz vorbehalten ist, wird durch den Altar der Zwölf Götter bestimmt, von dem die Wege durch Attika ausgehen. Im Verhältnis zu anderen Straßen sind die Portikus und die Gebäude als Umrandung des Platzes gestaltet, auf einem recht unregelmäßigen Grundriß, aber alle Verkehrswege sind sorgsam respektiert. Erst unter dem Einfluß der hellenistischen Monumentalarchitektur wird

194. Athen. Ionisches Kapitell der Propyläenvorhalle.

die Agora von Athen das Objekt eines systematischen, geordneten Planes. Aber sie übt keinerlei echten Einfluß auf die Architektur der Stadt aus.

Es ist bezeichnend, daß zur gleichen Zeit, in den Jahren, die dem Sieg über die Perser folgten (480-479 v.Chr.), die Athener zunächst den Wiederaufbau der Akropolis betrieben und der Unterstadt ihr traditionelles Gesicht beließen. Aber sie schufen eine Neustadt nach neuen Plänen am Piräus. Dazu riefen sie den Theoretiker Hippodamos zu Hilfe, der damals den Wiederaufbau von Milet leitete und dessen Name ein Symbol für den griechischen Städtebau werden sollte. Mehr Philosoph als Architekt, legt Hippodamos von Milet die Formeln fest und läßt die Regeln anwenden, die er einer Ausarbeitung über die besten Lebensbedingungen des Bürgers im städtischen Rahmen zugrunde gelegt hatte, unter Berücksichtigung dessen, was schon in den griechischen archaischen Städten und insbesondere in Großgriechenland geschehen war. Die Aufteilung des Stadtgrundes und die Aufteilung des Raumes entsprechen den Funktionen der Stadt.

Ihren politischen, religiösen, sozialen und wirtschaftlichen Verpflichtungen entsprechen Verwaltungszonen, religiöse Zonen und Handelszonen, die ihren Platz im Grundriß der Stadt finden und untereinander in Verbindung stehen. Sie erhalten die Gebäude, die ihren Funktionen angepaßt sind. Jede dieser Zonen wird als Staatsdomäne betrachtet, als »demosion«, und wird durch Grenzsteine bezeichnet, von denen mehrere gefunden wurden, zum Teil an dem Platz, wo die alten Landmesser sie aufgestellt hatten. So konnte man die Zone für den Handelshafen identifizieren, die Ankerplätze für die Barken, die Zone der Agora und ihren Umriß, die mit dem Kriegshafen in Verbindung standen. Im 4. Jh. wurde die Verbindung zwischen beiden Zonen durch eine große Galerie hergestellt, die der Architekt Philon erbaute. In ihr war die Takelage der Kriegsschiffe ausgestellt. Die Handelszone, umgeben von großen Portikus, die als Lagerhäuser dienten, war durch eine Monumentalstraße mit den Tempeln und den Heiligtümern sowie mit der Agora verbunden. Dieser ganze Monumentalkomplex nahm das Zentrum der Stadtanlage ein. Darum herum legten sich die Wohnzonen, die sich in drei Hauptgebiete gliederten.

Wenn uns die moderne Stadt auch nicht gestattet, die architektonischen Linien jener Anlage zu erkennen, die im Grundriß durch die Malsteine gut bestimmt ist und durch sporadische Funde, so illustrieren die Ausgrabungen von Milet die nach diesen Prinzipien verwirklichten Architekturformen. Auf dem rechteckigen Schachbrett, das die Landmesser abgesteckt hatten, wird eine bestimmte Anzahl von Grundstücken für öffentliche Bauwerke reserviert. Sie verteilen sich auf die Schenkel eines Winkels, der die beiden

195. Athen. Propyläen. Grundriß.   *196. Delphi. Schatzhaus der Athener.* ▷

Haupthäfen miteinander verbindet, und werden von dem Vorgebirge getrennt, an dem das Theater liegt. Am Scheitel des Winkels liegt die Hauptagora, deren Grenzen klar festgelegt sind durch die großen Portikus mit Zimmern.
Säulenhallen stellen an jedem Ende die Verbindung mit dem Straßensystem her. Auf dem nördlichen Winkelschenkel liegen das Buleuterion, die Gymnasien, das Heiligtum des delphischen Apollo und schließlich die Märkte und großen Lagerhäuser des Löwenhafens. Nach Westen schließen sich andere Märkte an und das Hauptheiligtum der Stadt, der Athenatempel. Die anderen Quartiere, auf drei Blocks verteilt, sind den Einwohnern überlassen und bilden unregelmäßige Wohninseln. Es sind die Häfen und die Säulenhallen, die das Knochengerüst dieser Komposition darstellen. Sie setzen die Grenzen fest, sie sichern die Orientierung der großen Achsen. Sie zwingen den verschiedenen Bauten eine gewisse Einheitlichkeit auf, indem sie sie hinter streng komponierten Fassaden zu Gruppen zusammenfassen. So ist die Architektur dem Stadtgrundriß eng verbunden, dessen Prinzipien und Funktionen sie herausarbeitet. Die Verwirklichung geschah nicht auf einmal, sondern fortschreitend und fand erst am Ende der hellenistischen Epoche ihren vollen Ausdruck. Aber der Plan war so festgelegt, daß die freien Stellen allmählich, im Verlauf der Jahrhunderte, gefüllt wurden, ohne daß es einen Bruch gab. Dies war der Stadtbauverwaltung zu verdanken, denn die Stadt verstand es, selbst fremden fürstlichen Wohltätern ihr Gesetz aufzuerlegen, wie man aus einem Erlaß weiß, der die Architekten des Königs Antiochos III., der den Einwohnern von Milet einen großen Portikus schenkte, den Regeln unterwarf.
Schon ein paar Jahrhunderte bevor die Bauten von Milet entstanden, bildeten sich die Prinzipien und Strukturen heraus, die die Philosophen dann analysierten und ihrer Idealstadt als Regeln vorschrieben. Plato hat ausgiebig aus den Beispielen geschöpft, die ihm Großgriechenland bot. Die Grabungen in Megara Hybla in Ostsizilien, die Untersuchungen, die man in Camarina, in Selinunt, in Monte Casale und Metapont vorgenommen hat, erlauben uns jetzt, die Geschichte dieser Stadtarchitektur besser zu verstehen. Die ersten Erscheinungen hängen mit dem Beginn der Siedlungsbewegung zusammen, die im 7. Jh. auf die Gründung der griechischen Kolonien in Sizilien und Süditalien folgte.
Der Plan von Megara Hybla zeigt, daß in der Mitte des 7. Jhs. v. Chr. einige große Achsen das Stadtgebiet aufteilten und mit Hilfe von Nebenstraßen einen Raum mit ungefähr regelmäßigen Inseln bildeten, deren Anlage zwar nicht streng geometrisch war. Eine öffentliche Zone wird von zwei Ost-West-Achsen gerahmt, die nicht parallel verlaufen und von einer Querachse im Norden und im

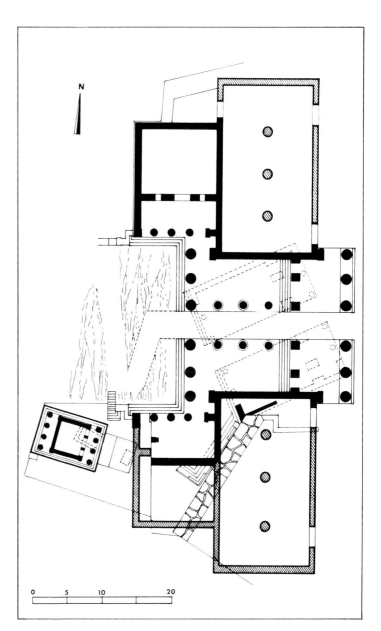

197. Olympia. Terrasse der Schatzhäuser.
198. Olympia. Eingang zum Stadion.
199. Olympia. Nymphaeum.

200. Olympia. Palästra.

Süden – weniger klar – durch den Bau zweier Tempel begrenzt werden. Der Grundriß dieser Zone ist trapezförmig, und der Platz ist von den Straßen, die ihn begrenzen, durch Säulenhallen getrennt, die den Verkehr nicht schneiden.

Besonders der Portikus im Norden enthält in seinem Mittelbau einen breiten Durchgang, der in Beziehung zur Nebenstraße im Norden steht, die von der Agora unterbrochen wird. Auf der Westseite ist die Straße in den Platz einbezogen. An ihrem Außenrand, jenseits des Fahrweges, stehen die Gebäude, die in die Wohninsel eingefügt sind, die sich in Wohnquartieren fortsetzt. Es ist bemerkenswert, daß man keinerlei ältere Substruktionen auf dem ältesten Niveau der Agora gefunden hat. Sie war also schon im ersten Entwurf vorgesehen und ist nicht erst später auf Kosten privater Bauten angelegt worden. Das Prinzip der Wohninsel scheint am Anfang aller archaischen Stadtpläne von Sizilien zu stehen, die die Forschung bisher kennt. In Camarina hat der ursprüngliche Kern den späteren Erweiterungen sein Gesetz und seine Richtungen aufgezwungen. In Monte Casale ist ein großer Teil des Plateaus von Parallelstraßen durchzogen, die von der Hauptachse abzweigen, deren Ausgangspunkt auf der Terrasse lag, die eine Art von Akropolis bildete. Der regelmäßige Plan von Metapont geht zum großen Teil auf das 7. oder den Beginn des 6. Jhs. zurück, und wir beginnen zu erkennen, welche maßgebliche Rolle in diesem Plan das Heiligtum des Apollo Lykeios und die zweifellos nach Osten verlängerte Agora gespielt haben. Inzwischen veröffentlichte Inschriften bezeugen die Rolle der »horoi«, der Malsteine, die die Grenzen des heiligen Bezirks sowie des religiösen Bereiches und der Zonen festlegten, die unter die Bürger aufgeteilt waren. In all diesen Stadtanlagen gibt es keine Akropolis mehr. Denn sie war für die Emigranten das Symbol eines Regimes, dem sie den Rücken gekehrt hatten. Die Pläne für eine geregelte Aufteilung des Bodens in Wohninseln erlaubten ihnen, sogleich den Platz für die religiösen Einrichtungen zu reservieren, die den politischen und sozialen Bedürfnissen der neuen Gemeinschaft entsprachen. Sie brauchten nicht auf alte östliche Quellen zurückzugreifen. Der Stadtgrundriß entwickelte sich aus den Bedingungen des Ortes selbst und den zwingenden Forderungen, die ihre Niederlassung beherrschten. Diese Art des Städtebaus und die Prinzipien der architektonischen Komposition, die daraus entstehen, machen den spezifischen Charakter der Kolonialstädte aus. Waren die monumentalen Bauanlagen auch in den Stadtplan eingegliedert worden, so blieben sie ihm doch nicht unterworfen. Durch die politische und wirtschaftliche Entwicklung der Kolonien erhielten sie ihren besonderen Antrieb. Der Ehrgeiz der Tyrannen und ihr Hang zum Prunk, die finanziellen Hilfsquellen, über die

201. Megara Hybla. Plan der Agora.
202. Morgantina. Die Agora.

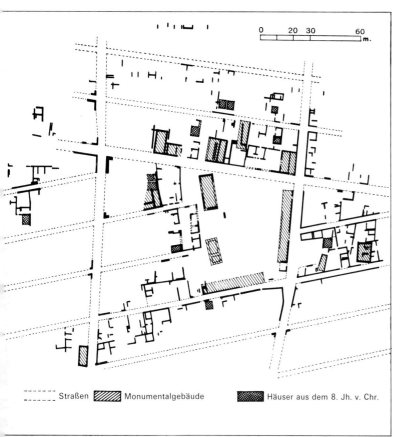
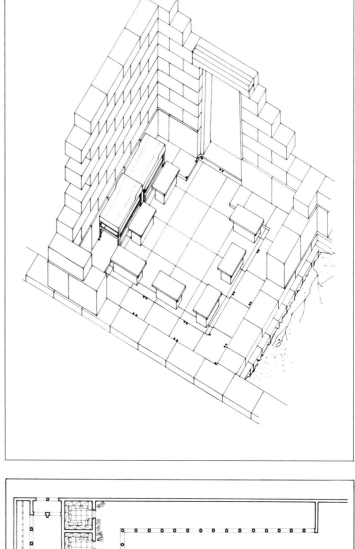

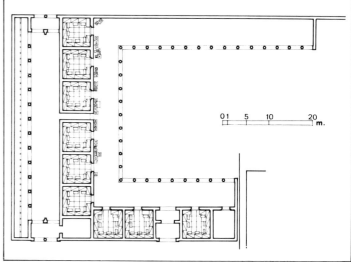

203. Brauron. Artemisheiligtum. Schnitt der Stoa.
204. Brauron. Artemisheiligtum. Grundriß der Stoa.

205. Athen. Ansicht der Agora.

206. Athen. Plan der Agora. Westteil (Ende 6. Jh. v. Chr.).

207. Milet. Stadtplan.

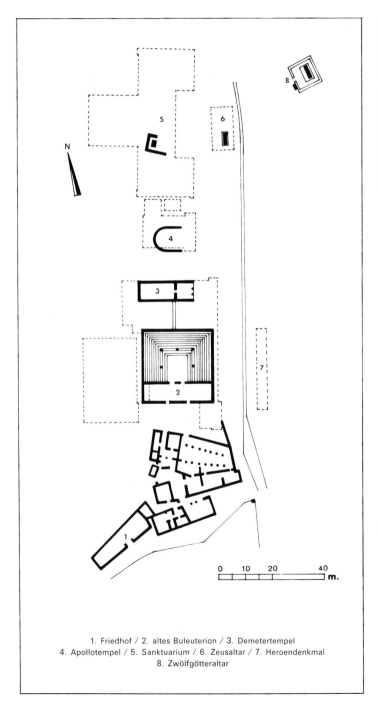

1. Friedhof / 2. altes Buleuterion / 3. Demetertempel
4. Apollotempel / 5. Sanktuarium / 6. Zeusaltar / 7. Heroendenkmal
8. Zwölfgötteraltar

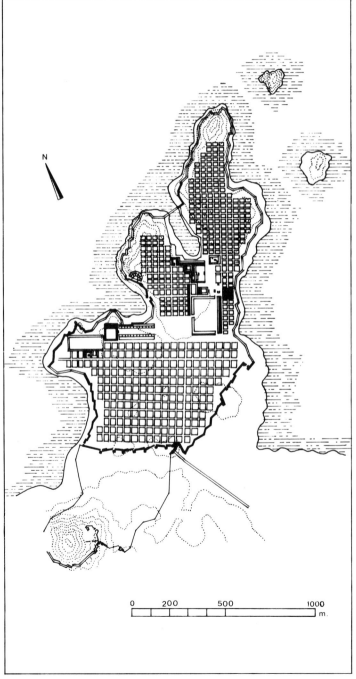

208. Paestum. Luftaufnahme der Tempel.

209. Paestum. Forum.

210. Marseille. Luftaufnahme der Ausgrabungen im Bereich des alten Hafens.

sie verfügten, beschwören eine architektonische Entwicklung herauf, die den ursprünglichen Rahmen sprengt. Die Entwicklung des ersten Heiligtums von Selinunt ist ein gutes Beispiel dafür. Der Temenos, der die Altäre und Kapellen umschloß, deren älteste Spuren bis ins 7. Jh. zurückreichen, wurde an der Kreuzung der Wege gebaut, die die Akropolis mit der Stadt verbanden und sich zu den Hügeln im Norden und zu den beiden Häfen erstreckten, die das Plateau im Osten und Westen flankierten. Er hatte eine unregelmäßige Form, deren Umrisse von E. Gabricci erkannt und von M. Di Vita festgelegt worden sind. Etwa von 570/560 v. Chr. baute man den ersten großen Tempel, den Tempel C, der schon eine erste Vergrößerung der Terrasse gegen Osten veranlaßte. Im letzten Viertel des Jahrhunderts wurde dann ein weitläufiges Programm verwirklicht, das das Heiligtum in die Regulierung der großen Achsen einbezog, die damals stattfand. Ein zweiter Tempel, der Tempel D, vergrößerte die Proportionen der Gesamtanlage. Die Mauern des Temenos im Westen und Süden wurden am Rand der Straßen entlanggeführt. Nach Osten hin wurde eine große Terrasse aufgeschüttet, die von einer mächtigen Stufenmauer gestützt wurde. Die Umrisse der Terrasse wurden von einer rechtwinkligen Stoa bestimmt, gemäß den Prinzipien, die man schon in Samos befolgt hatte. Durch eine Art Verdoppelung der Massen werden sich die Tempel folgen, sei es im Süden, auf der Akropolis, und, noch prachtvoller, im Osten, wo sie parallel nebeneinanderstehen. Zur gleichen Zeit, gegen Ende des 6. Jhs., wird ein Programm von identischer Konzeption in Paestum begonnen. Der regelmäßige Stadtplan geht von einem großen nordsüdlichen Verkehrsweg aus. Die regelmäßig aufgeteilten Wohninseln erstrecken sich zwischen dieser Achse und den westlichen Grenzen des Baugrundes zum Meer hin. Am Ostrand der Hauptachse wird die Mauer eines riesengroßen Temenos aufgeführt, der die Tempel der Hera aufnimmt, dann die Heiligtümer der Agora und die Zone, die mit dem Tempel der Athena endet. In Agrigent entfaltet sich der monumentale Schmuck im Süden und macht dabei glücklichen Gebrauch von einer Bodenerhebung, die die Ebene beherrscht, auf der man den regelmäßigen Plan der Stadt entwirft. Das Ganze wird von einem Verkehrsweg umspannt. Entlang der Straße, die im Westen in das Heiligtum der chthonischen Gottheiten einmündet, liegen die Agora, der große Tempel des Zeus und in einiger Entfernung, anstoßend an den Schutzwall, die Tempel des Herakles, der Concordia, der Hera Lacinia, alle im Verlauf des 5. Jhs. erbaut, aber nach einem Entwurf, der zweifellos schon im 6. Jh. festgelegt worden war.

So erhellen sich Sinn und Wert der großen Monumentalanlagen der Städte in Sizilien und Süditalien, die isoliert scheinen und

abgeschnitten von den Altstädten, deren kostbarer Schmuck sie sind. Sie können nicht vom städtischen Rahmen getrennt werden, sondern sind ihm durch ihre Funktion verbunden und schließen sich mit ihm durch ihren architektonischen Wert zusammen. Sie bilden ein zusammenhängendes Geflecht, nicht ohne Sinn für theatralische Wirkung, aber stets mit einem Sinn für Proportionen und die Kunst der Einpassung, die in den tiefsten Überlieferungen der griechischen Architektur wurzeln.

DIE ARCHITEKTUR DES HELLENISTISCHEN GRIECHENLANDS UND IHRE VERBREITUNG IN DER ANTIKEN WELT

Die griechische Architektur der hellenistischen Zeit fordert die verschiedensten und nicht immer günstigsten Urteile heraus. Sie enttäuscht mitunter durch den Verfall der Formen und der klassischen Motive, die austrocknen, verarmen, denen Saft und Kraft fehlt. Aber man darf nicht vergessen, welche Bereicherungen wir ihr verdanken und was sie alles ins Werk gesetzt hat. Die Entwicklung des Gewölbes und des Bogens, die Kunstfertigkeit der dekorativen Komposition mit applizierten Ordnungen, die Variationen, die von der Skulptur und der Malerei verlangt wurden, sie bilden ein ganz neues Repertoire oder doch eines, das sie mit allen klassischen Formen bereicherten. Aber die Originalität der hellenistischen Architektur beschränkt sich nicht auf ihre formellen Aspekte, die die schlechte technische Ausführung nicht vergessen machen könnten. In der Nutzbarmachung dieser Formen für monumentale Schöpfungen und eine Erweiterung der Strukturen enthüllt sich das Können der Architekten, die die klassische Tradition den neuen historischen Bedingungen in der griechischen Welt und ihrer geographischen Verbreitung anpassen.
Die Architektur der Städte weicht einer Architektur der Fürsten und Monarchen. Das Bedürfnis nach Prunk, der Wunsch, die politische Gegenwart auszudrücken und anschaulich zu machen, durch Bauwerke von der eigenen Wirtschafts- und Finanzkraft Zeugnis abzulegen, dies bringt die Proportionen und die Ausgewogenheit in Unordnung, zu denen der Rahmen der antiken Städte gezwungen hatte. Einige Bemerkungen über die Mittel dieser Architektur sollen der Untersuchung ihrer bedeutendsten Werke und der Schöpfungen vorausgehen, die späteren Zeiten ein Repertorium an Formen und Strukturen übermittelt haben, die während mehrerer hundert Jahre in Gebrauch blieben.
Die Architekten der hellenistischen Epoche, die zuerst für Alexander d. Gr. arbeiteten und danach für die Diadochen in Kleinasien, Syrien und Ägypten, ehe die ersten Bauten der römischen Architektur von ihnen beeinflußt wurden, waren keine Revolutionäre, sondern stark traditionsgebunden, was den Gebrauch der Formen und Motive angeht.
Die traditionellen Ordnungen, die dorische und die ionische, leben weiter. Aber die Schwierigkeiten, die mit der Anordnung des dorischen Frieses gegeben sind, und die Freude am dekorativen Schmuck fördern die Ausbreitung des ionischen Stils. Die klassischsten dieser Architekten, Pytheos von Priene, am Ende des 4. Jhs., und Hermogenes von Alabanda, ein Jahrhundert später, haben über die Überlegenheit der ionischen Ordnung geschrieben. Vitruv hat uns davon berichtet: »Einige Architekten der Vergangenheit waren der Meinung, daß die Tempel nicht im dorischen Stil erbaut werden sollten, wegen der Unvollkommenheiten und der fühlbaren Dishar-

211. Segesta. Dorischer Tempel. 212. Segesta. Dorischer Tempel. Nordfassade.
213. Athen. Hephaesteion. Teil des Frieses an der Hauptfassade.

monien im System der Proportionen. Das ist der Fall bei Arcesius, bei Pytheos und ganz besonders bei Hermogenes. Dieser hat – als er den Vorrat an Marmor für den Tempel im dorischen Stil schon vorbereitet hatte – das Material umgearbeitet und die gleichen Stücke benutzt, um den Tempel des Liber Pater (Tempel des Dionysos von Teos) im ionischen Stil zu bauen. Sicher tat er das nicht, weil ihm die Formen, der Stil oder die Majestät des Planes nicht zusagten, sondern weil die Aufteilung der Triglyphen und der Rhythmus des Gebälks verworren waren und ein Hindernis bildeten.«

Der Rhythmus des dorischen Frieses sollte in der Tat zwei widersprüchlichen Forderungen nachkommen. Die erste verlangte eine Triglyphe, deren Mittellinie der Achse jeder Säule entsprach. Das machte keinerlei Schwierigkeit in der Säulenreihe. Aber die zweite Forderung verlangte, daß am Eck des Portikus – aus Gründen der Gliederung – zwei Triglyphen aneinanderstießen, was ihre Verlagerung weit weg von der Achse der Ecksäule nach sich zog und zu einer unschönen Verbreiterung der letzten Metope führte. Um dieses Ärgernis zu vermeiden, verminderte man, seit dem Ende der archaischen Zeit, die Breite des letzten Joches, ja man teilte sogar – um den Bruch des Rhythmus weniger fühlbar zu machen – diese Reduzierung auf die zwei letzten Joche jeder Fassade auf. Aber daraus ergaben sich Veränderungen des Maßes auf allen Ebenen, von den Platten der Krepis, die die Säulen trugen, bis zu den Stücken des Hauptgesimses und der Kranzgesimse. Diese Folgen wurden um so ärgerlicher, je mehr sich die geometrischen Verfahren entwickelten, die die Beziehungen aller Elemente der Säulenreihe untereinander bestimmten. In einem Bau, dem der Geist der Geometrie ziemlich strenge Formen aufzuerlegen suchte, erzwang die Eckkontraktion Dissymmetrien und eine Arrhythmie, die dem Geist der dorischen Ordnung widersprachen.

Wenn man zu dieser Tatsache die Evolution der Formen hinzunimmt, die die Säulen immer schlanker und die allgemeinen Linien immer trockener und starrer macht, die die Proportionen des Hauptgesimses verringert und seine Grazilität betont, dann versteht man das zunehmende Verschwinden der dorischen Ordnung in den Tempeln und ihren Gebrauch bei den großen Portikus und den weitläufigen Säulenhallen, wo die Säule – beschränkt auf die Aufreihung an der Fassade zwischen den Anten der Seitenwände – den Architekten keine Probleme stellt. In hellenistischer Zeit war die dorische Ordnung vorzugsweise die Ordnung für die Säulenhalle. Parallel hierzu entwickelte die ionische Ordnung, deren lineares Gesims keine Schwierigkeiten bot, sich und ihren Reichtum. Auch entsprach ihre Fähigkeit, Schmuckmotive aufzunehmen, besser dem Geschmack der Zeit. Die Erfindung des Eckkapitells über quadrati-

214. Epidauros. Tholos.
Korinthisches Kapitell und Gebälk.
Epidauros, Museum.

215, 216. Sarkophag mit
Architekturgliederung, sogenannter
Klagefrauensarkophag. Istanbul,
Archäologisches Museum.

217. Agrigent. Modell des Zeustempels. Agrigent, Museum.
218. Agrigent. Zeustempel. Grundriß.
219. Epidauros. Isometrie des Tempels L.
220. Thasos. Silenstor. Relief.

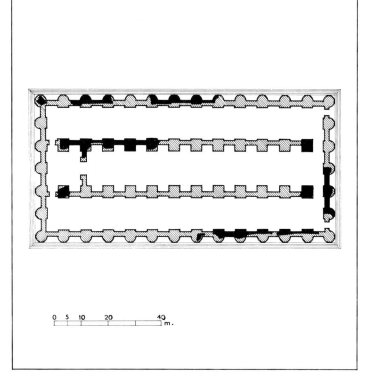

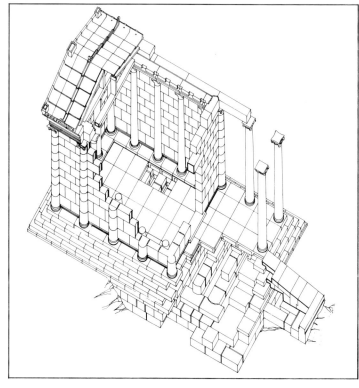

221, 222. Thasos. Zeustor.

schem Grundriß mit vier Voluten auf den Diagonalen, deren frühestes uns bekanntes Beispiel im Monument der Nereiden auf Xanthos erscheint, behob eine der Schwierigkeiten im Gebrauch der Ordnung bei der Peristasis. Dies geschah dort, wo der gestreckte Grundriß des Kapitells, dessen Voluten nur auf den beiden Hauptseiten ausgeführt waren, während die anderen Seiten nur die Docken verbindenden Wulste sehen ließen, nicht den Forderungen der Ecksäule entsprach. Basen und Kapitelle erhielten kraftvolleren, reicheren Schmuck. Im Tempel der Artemis in Sardes erscheint eine Zierleiste über einem kräftigen Eierstab, der von breitentwickelten Palmetten zur Hälfte verdeckt ist. Im Tempel des Apollo in Didyma finden wir Figuren von Gottheiten auf den Voluten etlicher Kapitelle. Die Motive zwischen den Voluten werden sich weiterentwickeln, wie der Erfolg des verzierten Kapitells in hellenistischer und römischer Zeit zeigt.

Wenn die hellenistische Architektur das korinthische Kapitell auch nicht erfunden hat, so hat sie es doch gern aufgenommen, selbst auf Kosten der ionischen Ordnung, von der man die Basis und den Schaft beibehielt. Die Ursprünge der korinthischen Ordnung bewahren noch ein wenig von dem Geheimnis, das sie schon für die Kritiker in der Antike hatten. Nach Plinius wurde der athenische Bildhauer Kallimachos, ein Schüler des Phidias, durch den Anblick eines Opferkorbes inspiriert, der auf einem Grab aufgestellt war und den Akanthusblätter umhüllten, die zufällig an seinem Fuße wuchsen. Wie immer enthält die Legende einen Funken Wahrheit. Am Ursprung des korinthischen Kapitells steht zweifellos das Motiv der Akanthusblätter, die auf den Grabstelen des 5. Jhs., sei es an der Basis, wo sie einen Korb bildeten, sei es oben, wo sie die ursprüngliche Palmette ersetzten, häufig angewandt wurden. Darstellungen dieses Themas auf den weißgrundigen Grablekythen veranschaulichen diese Herkunft. Das Motiv kam andererseits der Freude am Schmuck, die im 4. Jh. durchbrach, entgegen. Und die korinthische Säulenreihe war die Antwort auf Probleme, die sich damals bei der Aufteilung der Innenräume stellten, wo die architektonischen Funktionen der Pfeiler und Säulen mit dekorativen Funktionen verbunden waren. Der Akanthuskorb erlaubte es, ein zylindrisches Kapitell elegant zu umkleiden, weil er leicht – sei es als Ganzes, sei es auf einer Halbsäule oder einem quadratischen Pfeiler – an die verschiedenen Funktionen anzupassen war, die das Kapitell bei der dekorativen und architektonischen Einrichtung eines Saales erfüllen sollte.

So haben wir es bei der ionischen Ordnung der Cella des Apollotempels von Bassae gefunden. Später wird es bei der Tholos von Delphi verwandt, auf den Halbsäulen, die den inneren Schmuck der Wand bilden und die Aufgabe haben, das Gebälk zu

223. Athen. Lysikratesmonument.

224-226. Syrakus. Befestigungen des Euryalos.

227. Korinth. Fassade und Hof der Peirenequelle.
228. Didyma. Gewölbter Gang.

unterstützen. Unter den Händen des Bildhauer-Architekten Skopas blüht es kraftvoll auf, und Skopas macht daraus das Hauptthema bei der inneren Ordnung der sehr schönen Cella des Tempels von Tegea. Schließlich erhält das Kapitell seine endgültige Form bei den Innensäulen der Tholos von Epidauros, wo es hinter der Strenge einer äußeren dorischen Säulenhalle versteckt ist. Zuerst schüchtern behandelt, als einfache Applikation, angebracht in einer einzigen Reihe von mäßiger Höhe, rund um einen Mittelkalathos, der den Körper des Kapitells bildet, entfalten sich weit die Blätter des Akanthus, die Skopas und die Künstler von Epidaurus gemeißelt haben. Sie sind als zwei übereinanderliegende Kränze gebildet, aus denen gedrehte Stiele herauskommen, die selbst wieder von zurückfallenden Blättern begleitet sind und in den Voluten fortgeführt werden, die die vier vorspringenden Ecken des Abakus tragen. Zu Beginn der hellenistischen Epoche erhält das korinthische Kapitell seine klassische Form im Olympieion von Athen. Es schmückt die letzte leere Stelle, die auf der Achse des Kapitells übriggeblieben war, durch zwei dekorative Voluten aus, die eine in die mittlere Vertiefung des Abakus eingefügte Windenblüte krönt.

Die hellenistische Architektur verfügt so über ein Repertorium an Formen, das viel reicher und verschiedenartiger ist als in früheren Zeiten. Aber ihre Erfindungsgabe hört hier nicht auf. Um den neuen Forderungen der Architekturkomposition zu entsprechen, arbeitet sie noch zwei Elemente heraus, die die klassische Zeit, ohne sie zu übersehen, absichtlich im Schatten ließ; es handelt sich um die applizierte Ordnung und den Bogen, der vom Gewölbe begleitet wird.

Seit dem Ende des 6. Jhs. hatten die Architekten die mit dem Ende einer Mauer verbundene Halbsäule benutzt (Tempel der Athena in Paestum) oder die mit einer Mauer verbundene Säule, insbesondere dort, wo Abschlüsse oder innere Balustraden erforderlich waren (Tempel auf Ägina, Tempel des Zeus in Olympia), aber das Motiv blieb diskret und auf den Gebrauch im Innenraum beschränkt. Ein paar Versuche im 5. Jh., die daraus eine besondere Ordnung machen wollten, blieben vereinzelt, so am großen Tempel des Zeus in Agrigent. Aber sein Stil und seine Proportionen übten keinen großen Einfluß aus. Erst mit der Umwandlung der Innensäle wird die applizierte Ordnung, die mehr dekorativ als architektonisch ist, autonom und ein Element der Komposition, das – zunächst innen, dann außen – sich zum Hauptthema gewisser Fassaden aufwirft. Wir haben die Rolle gesehen, welche die eingebundene Säule (= Dreiviertelsäule) und der applizierte Pfeiler in den Innenräumen der Tempel von Bassae und Tegea spielten. Hinter einer klassischen Peristasis wird an die Mauern einer Cella, deren

229, 230. Pergamon. Wölbung der
Treppe zum Gymnasion.

231. Terrakottabrunnen von Locri.
Reggio Calabria, Nationalmuseum.
232. Priene. Tor der Agora.
Rekonstruktion.

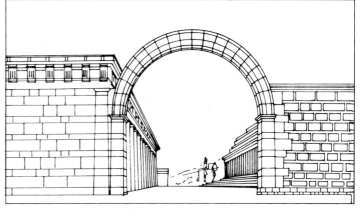

233. Sardes. Artemistempel. Ionisches Kapitell.
234. Sardes. Artemistempel. Säulenbasen.

äußerer Schmuck die strenge Regelmäßigkeit des klassischen Systems zeigt, mit alternierenden und sorgfältig symmetrischen Fugen, ein unabhängiger Schmuck geklebt – ohne echte architektonische Funktion –, der aus Halbsäulen besteht, die einen skulptierten Hauptfries tragen, einen Fries mit Lebewesen in Bassae, mit Pflanzen in Tegea. Hier ergänzen übergeordnete ionische Pilaster die untergeordneten korinthischen Halbsäulen.

Dieses Thema der applizierten Ordnung, verschieden von den Strukturelementen, bezeichnete einen Bruch in der großen klassischen Tradition, in der sich die Form nicht von der Funktion trennt. Aber es entsprach einer neuen Entwicklung, die ihm einen schnellen Erfolg sicherte, denn es wurde das fundamentale Element der hellenistischen und römischen Architektur.

Zunächst in den Szenenbauten der hellenistischen Theater, dann an den Fassaden der Grabmonumente und schließlich in den großen dekorativen Toren der Mauern entwickelten sich die Kompositionen mit applizierter Ordnung, und sie verbreiteten sich rasch und weit. Sie entsprachen dem ein wenig theatralischen Geschmack der fürstlichen Architektur der hellenistischen Machthaber. Manchmal in zwei Etagen übereinandergestellt, eine ionisch oder dorisch, die andere ionisch oder korinthisch, heben sich die Halbsäulen oder die Pilaster von den Mauern ab, die beiderseits der Türen oder Durchgänge die Zwischenräume füllen. Schon zu Beginn des 4. Jhs. zeigt ein Tor in den Befestigungen von Thasos eine Komposition dieses Typs und kündigt die reicheren und bewegteren Formen des großen Agoratores von Milet an, das sich mit einem seiner Portikus an die Mauer dahinter lehnt, am Rand des großen, zentralen Platzes. Die makedonischen Gräber und die schöne Fassade von Levkadia benutzen das gleiche Thema, das oft durch Malerei verschönert wird. In diesem Bereich ergreifen wir einen der wichtigsten Aspekte der hellenistischen Architektur: ihre bildhafte Wirkung und ihre engen Beziehungen zur Malerei. Wenn die dekorative Wandbemalung in den kürzer zurückliegenden Zeiten einen so umfangreichen Gebrauch von den weitläufigen Architekturkompositionen machen konnte, so kommt das daher, daß die Architektur selbst auf die Malerei zurückgriff, um die dekorativen Werte ihrer Fassaden und der inneren Einrichtung zu betonen. Daraus entspringt die Suche nach dem Spiel von Licht und Schatten, das seinen Einfluß auf die Proportionen ausübte. In den Säulenhallen erweitert man die Joche und verlängert die Stützen. Hermogenes hat den Rhythmus »eustylos« angenommen, wo das Joch zweimal ein Viertel des Säulendurchmessers entspricht. Die Höhe der Säule entspricht $9^{1}/_{2}$ Säulendurchmessern. Der Rhythmus »diastylos« war noch luftiger, weil hier das Joch 3 Säulendurchmessern entsprach. Der Rhythmus »aerostylos« hingegen ($3^{1}/_{2}$ Durchmesser) war, wie Vitruv

235. Sardes. Artemistempel.

236. Sardes. Artemistempel. Säulenbasen.

schreibt, nur mit Holzgesims möglich, denn die Spannweiten überschritten die Widerstandsmöglichkeiten des Steins.
Die Wirkungen der Schatten und des Reliefs wurden auf den applizierten Ordnungen durch Stuck und Malerei betont. Die obere Ordnung der Fassade am Grab von Levkadia (Anfang des 3. Jhs.) ist in ionischem Stil behandelt und durch dunkelrote Farblinien abgesetzt, die den Schaft begrenzen und in Relief setzen. Blindfenster waren ebenfalls gemalt. Der dekorative Fries zwischen beiden Ebenen ist bemalter Stuck. Man versteht besser, daß später die Suche nach Perspektive, nach dem Spiel der Schatten und die Gegenüberstellung von aufgehellten Zonen systematisch in die Wandbemalung übertragen wurde, die sich fiktiv auf ein vorgestelltes architektonisches Ensemble öffnete.
Im Verlauf der hellenistischen Periode gingen schließlich noch das Gewölbe und der Bogen definitiv in das Repertoire der Architekten ein. Zu allen Zeiten hatten die Architekten des Mittelmeerraums das unechte Gewölbe gebaut, von dem uns die großen mykenischen Tholoi so herrliche Beispiele bewahrt haben. Diese Tradition wurde von der griechischen archaischen Architektur nicht vergessen, wenn sie ihre Gräber oder Aquädukte baute. Aber der kolbenförmige Bogen und der Bogenverband erscheinen erst im 4. Jh., schon vollkommen gemeistert in den Toren einiger Befestigungen. Denken wir an die Porta Rosa in der Stadt Velia, der alten Phokäersiedlung in Mittelitalien, an die Festungstore von Oiniadai in Akarnanien, an die unterirdischen Gänge des Theaters von Alinda und an das Grabgewölbe von Labranda in Karien. Die makedonischen Gräber vom Ende des 4. und Anfang des 3.Jhs. bieten schöne Beispiele von Rundbogengewölben. Die Fassaden des großen Grabes von Levkadia stützen sich gegen einen weiten Saal, der von einem Gewölbe bedeckt ist, das sich selbst von dem niedrigen Gewölbe der Grabkammer löst.
Die Griechen hatten den Gebrauch des Gewölbes den unterirdischen Bauten vorbehalten, dort, wo das Gebäude starken äußeren Schüben standhalten mußte. Man begreift seinen ganzen Sinn in dem Manteion (Orakel) von Ephyra, das im westlichen Akarnanien entdeckt wurde. Die äußeren Säle des Heiligtums sind aus großen, polygonalen Rustika-Blöcken erbaut. Ihre Fugen sind kräftig betont und bringen die roh bearbeiteten Bossen des Schmucks gut zur Geltung. Die Türen haben Türfutter und die Decken Streifen. Den unteren Saal, in dem das Orakel befragt wurde, bedeckt ein Rundbogengewölbe, das von dachziegelartig übereinandergreifenden Bögen in den Wänden verstärkt wird.
Die hellenistische Architektur hat den Gebrauch des Bogens rasch für die Behandlung der monumentalen Tore entwickelt. Die Agora von Priene erhält im 2. Jh. einen Schmuck dieser Art zur

237. Didyma. Apollotempel. Grundriß.

238. Didyma. Nördliche Säulen des Apollotempels.

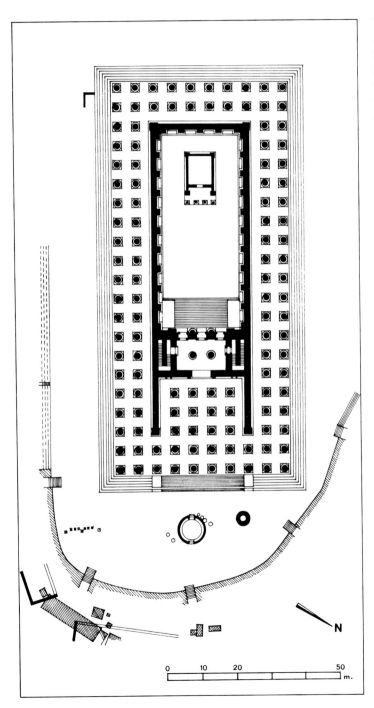

Vergrößerung ihres Osttores. Ebenso die Agora von Thasos im folgenden Jahrhundert. Das Theater des Letoon auf Xanthos enthält eines der ersten Beispiele, wo das gewölbte Joch einen äußeren Schmuck durch Pilaster und Fronton hat. Man kennt den Gebrauch des Gewölbes, der Treppen und der gewölbten Exedren mit dem System der Durchdringung, das die Architekten von Pergamon praktizierten.

Die architektonische Verwirklichung
Einige Beispiele von großen Gebäuden werden uns gestatten, den Gebrauch der architektonischen Formen anschaulich zu machen, die den Architekten der hellenistischen Epoche zur Verfügung standen. Zwei große ionische Tempel, in Sardes und in Didyma, haben – mehr als das neue Artemision von Ephesus, das dem archaischen Muster treu geblieben ist – die großen Tendenzen der Sakralarchitektur ihrer Zeit ausgedrückt, ohne total mit den unveränderlichen Elementen der ionischen Ordnung zu brechen. Die Spuren des Tempels der Artemis in Sardes mit den schönen Mauern des Opisthodomos und einem Teil der Säulen der Peristasis stehen in der zerrissenen Landschaft der berühmten Hauptstadt des Krösus, an den Ufern des Paktolos. Ihr Name war ein Symbol für Reichtum. Mehrere Bauetappen lassen sich erkennen. Sie sind mit den verschiedenen Funktionen des Tempels verbunden, von dem – in römischer Zeit – die Westcella der Artemis vorbehalten war, während im Ostsaal der Kult der Faustina gefeiert wurde. Der Ursprung des Heiligtums geht auf einen Altar zurück, der am Rand einer Terrasse stand. Im 3. Jh. beschloß man, einen weitläufigen Peripteros zu errichten, der die Terrasse in seinen Dipterosplan mit doppelter Säulenhalle einbezog. Zunächst wurde nur der Naos ausgeführt. Er enthielt eine lange Cella, die durch zwei Reihen von sechs ionischen Säulen in drei Schiffe geteilt war. Der Pronaos, tief wie bei den archaischen Tempeln von Ephesus oder Samos, war mit zwei Reihen von drei Säulen geschmückt. Ein schönes Kapitell der inneren Ordnung zeigt die Weiterentwicklung des ionischen Stils seit den nüchternen Linien der Propyläen-Kapitelle der Akropolis von Athen. Nur ein Jahrhundert später wurde die ionische Peristasis erbaut, aber abgewandelt unter dem Einfluß des Tempels von Magnesia am Mäander, den Hermogenes damals gerade erbaute. Die zweite Reihe der Säulen des Dipterosplanes wird fallengelassen, um einer weiten Galerie Platz zu machen (8,70 m), die die inneren Volumina freilegt.
Der Tempel des Apollo von Didyma bleibt die grandioseste Schöpfung des Sakralbaues dieser Periode. Gleichzeitig bildet er ein wahres Repertoire aller Formen, das die späteren Jahrhunderte ausgebeutet haben. Er ersetzte einen Tempel aus archaischer Zeit,

239. Didyma. Apollotempel.

240. Didyma. Apollotempel. Innenhof.
241. Didyma. Apollotempel. Säulenbasis.

242. Didyma. Pilasterkapitell des Apollotempels.

von dem noch einige Spuren erkennbar sind. Aber die Architekten, denen dies Programm aufgetragen war, Paeonios von Ephesus und Daphnis von Milet, die den Wiederaufbau um 300 v. Chr. leiteten, haben ein sehr eigenwilliges Gebäude erstellt. Äußerlich sieht es wie ein traditioneller großer ionischer Dipteros aus, mit einer doppelten Säulenreihe, die eine hohe Cellamauer vollständig umschließt. Die Fassade hatte zehn Säulen über einer hohen Krepis von sieben Stufen, die bei der mittleren Rampe zu vierzehn Stufen verdoppelt waren.

Die Säulen maßen 19,70 m bei einer Distanz von 5,30 m, das sind 18 ionische Fuß. Das Quadrat hat 9 Fuß Seitenlänge und ist auf einem halben Joch aufgebaut; es dient als Modul für den ganzen Bau. Diese reiche Fassade bildet den Zugang zu einem tiefen Vestibül, dem Dodekastylos, geschmückt von vier Reihen zu drei Säulen. Sie sind berühmt wegen ihres reichen Schmuckes. Die Basen sind sehr verschieden. Die einen haben das klassische attische Profil von zwei Wulsten, die von einer tiefen Kehle getrennt sind. Die anderen sind der asiatischen Tradition treu geblieben, die von den Basen von Samos stammt, mit übereinanderliegenden Kehlen und glatten Rundstäben, die ein einziger Wulst bekrönt. Die quadratische Plinthe von 9 Fuß Seitenlänge ist immer da, um den Modul des Gebäudes zu verkörpern.

Aber die Profilleisten der Basen werden manchmal durch einen Körper mit acht Feldern ersetzt, die von flachen Leisten eingefaßt sind und im Flachrelief verschiedene Motive zeigen: eingerolltes Laubwerk, Seetiere oder Drachen, abstehende Palmetten, eingerollte Voluten. Die Tori sind zum Teil kanneliert, zum Teil mit Flechtwerk oder mit dachziegelartig übereinanderliegenden Blättern dekoriert. Die Schmuckmotive der Tori gehen auf das vergleichbare Sims über, das die Basis der ionischen Mauer bildet. Die Kapitelle zeigen die gleiche Vorliebe für Schmuck. Auf den Kapitellen der Ecksäulen tragen die Voluten Greifenköpfe. Unter der Galerie haben einige der Kapitelle auf den Voluten als Applikation Köpfe von Zeus, Apollo, Artemis oder Leto. Schließlich ist der glatte Architrav mit einem skulptierten Fries aus Laubwerk und Pilastern geschmückt.

Auf diesen Pronaos, der mit soviel Luxus des Dekors behandelt war, öffneten sich drei Joche mit verschiedener Bestimmung. In der Mitte, dort, wo man die Tür der Cella erwartet, war ein weites Joch (5,53 × 14 m). Es war unersteigbar, denn seine Schwelle lag 1,45 m über den Fliesen des Dodekastylos und völlig unerreichbar. Es war die »Tür der Escheinungen«, deren riesige monolithische Blöcke ihre außergewöhnliche Funktion unterstrichen. Hier wurden zweifellos die Antworten auf die Orakelbefragung erteilt, die im Inneren stattfand.

243. Didyma. Apollotempel.
Säulenbasis.

244. *Priene. Athenatempel. Grundriß.*
245. *Magnesia am Mäander. Artemistempel. Grundriß.*
246. *Magnesia am Mäander. Artemisaltar. Aufriß.*
247. *Magnesia am Mäander. Artemisaltar. Grundriß.*

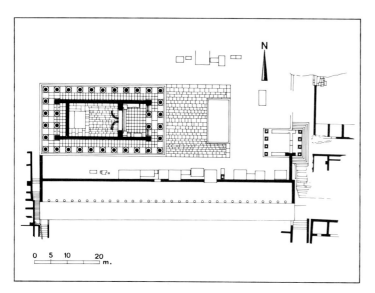
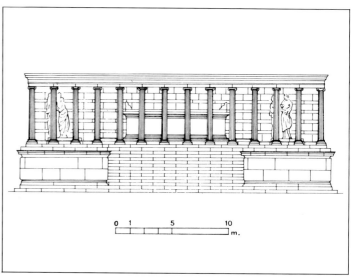
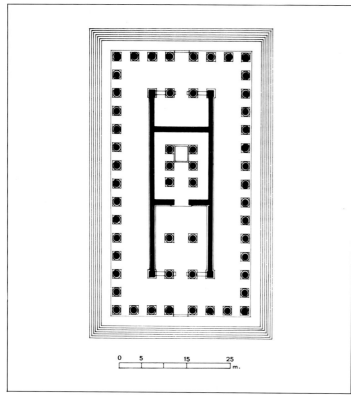
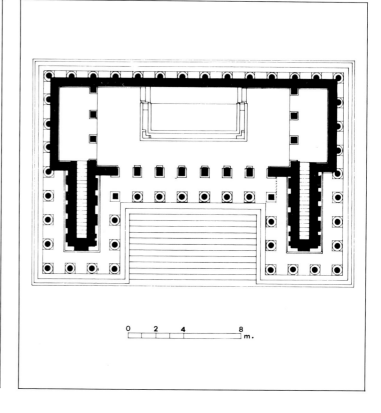

248. Sarkophag mit Architekturgliederung, sogenannter Klagefrauensarkophag. Istanbul, Archäologisches Museum.

249. Pergamon. Großer Zeusaltar. Rekonstruktion. Berlin, Pergamon-Museum.

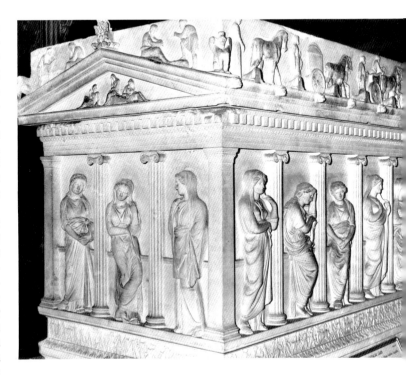

Die beiden anderen Joche, die diese Art von Mitteltribüne umrahmten, öffneten sich auf je einen Gang von bemerkenswerter Gewölbetechnik. Diese Gänge mündeten auf einen Innenhof, der die traditionelle Cella ersetzte. Weit (53,63 × 21,70 m) und stark strukturiert durch die hohen Mauern (fast 25 m), die ihn umgaben, umschloß er die natürlichen Elemente, die von früh an zum Orakel gehören: den Platz der Quelle, den Lorbeerbaum und das Adyton. Letzteres zeigte sich als ionischer »naiskos«, der die Kultstatue enthielt. Sie stand am Ende des Hofes, während vorn, im Osten, eine majestätische Treppenrampe von 24 Stufen, zwischen zwei Ausgängen unterirdischer Gänge, in den Saal des sogenannten Labyrinths führte, das auf dem Niveau des großen Joches lag, das das Vestibül mit den 12 Säulen beherrschte.

Die Architekten und die Bildhauer von Didyma, deren Arbeit wir im Detail verfolgen können, dank der epigraphischen Texte, die die Baurechnungen bewahren, wußten mit Geschick und Kunst alle Mittel der Dekoration auf ein architektonisches Projekt anzuwenden, das eine umfassende Konzeption hatte und dessen Proportionen die traditionellen Normen der griechischen Architektur überschritten. In der Folge, im 2. und 1. Jh. und selbst noch zur kaiserlichen Zeit, wird man für Anregungen zum Schmuck aus dem Repertoire von Didyma schöpfen und Nutzen aus den vielfachen Vorbildern ziehen, die es bietet. Vielerlei Motive, charakteristisch für die spätere Architektur, sowohl im Westen als auch im Osten der mediterranen Welt, haben, wenn nicht ihren Ursprung, so doch zumindest ihr Vorbild im architektonischen Rahmen des Tempels von Didyma. Das gilt für die Bildhauerei des Laubwerks, die dekorativen Friese mit pflanzlichen Motiven, die verzierten Kapitelle, die Polster-Pilaster des Innenhofes, die Kartuschen an den Basen der Säulen.

Wir müssen noch einen anderen Aspekt der hellenistischen Architektur berücksichtigen, den Ausdruck einer neuen ästhetischen Suche, die auf einem System des Verhältnisses der mathematischen Proportionen beruht, das wir beachten müssen, weil es den Stempel des großen Theoretikers der Epoche trägt, der einen starken Einfluß auf Vitruv ausgeübt hat: Es handelt sich um die Werke des aus Priene oder Alabanda gebürtigen Hermogenes.

Ein Widerschein seiner theoretischen Abhandlungen und der praktischen Verwirklichung seiner ästhetischen Vorstellungen zeigt sich in den Gebäuden, die er in Magnesia am Mäander erstellt hat. Bestrebt, die komplexen Pläne des archaischen oder klassischen Ioniens leichter und luftiger zu machen, unterdrückt er eine Reihe von Säulen in den Plänen des Dipteros, erhält aber die Volumina und die äußeren Proportionen.

Vitruv hat uns die Beschreibung des Pseudodipteros nach den Ideen

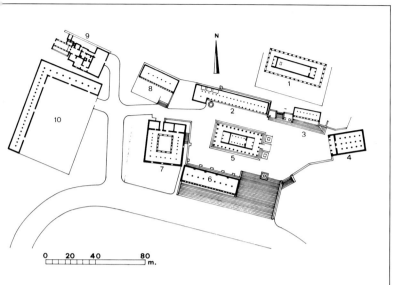

250. Argos. Plan des Heraion.
251. Labranda. Plan des Zeusheiligtums.

1. Heratempel I (vor 600 v. Chr.) / 2, 3, 8. dorische Stoa der archaischen Zeit / 4. Säulenhalle / 5. Heratempel II (Ende 5. Jh. v. Chr.) / 6. Stoa / 7. antikes Haus der Gastmähler / 9. römische Thermen / 10. Gymnasion

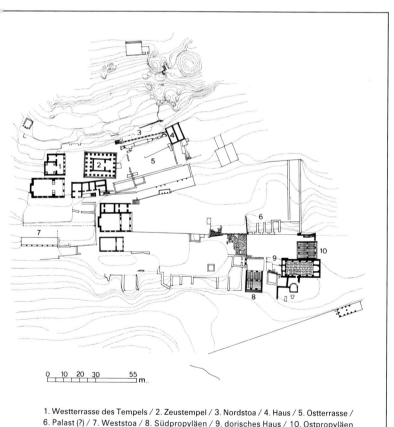

1. Westterrasse des Tempels / 2. Zeustempel / 3. Nordstoa / 4. Haus / 5. Ostterrasse / 6. Palast (?) / 7. Weststoa / 8. Südpropyläen / 9. dorisches Haus / 10. Ostpropyläen

des Hermogenes übermittelt: »Ein Plan, der acht Säulen auf beiden Fassaden zählt, hinten und vorn, fünfzehn Säulen auf jeder der Längsseiten, einschließlich der Ecksäule. Die Mauern der Cella entsprechen den vier Mittelsäulen jeder Fassade. So herrscht ein Zwischenraum, der gleich ist zwei Jochen und der Dicke einer Säule zwischen den Mauern der Cella und der Säulenreihe der Peristasis. In Rom gibt es keinen Plan dieser Art, aber es gibt den Tempel der Artemis in Magnesia am Mäander, den Hermogenes von Alabanda erbaut hat.«

In den Aufriß wollte Hermogenes die gleichen Prinzipien und die gleichen Proportionen übertragen, weil er befreitere innere Volumina erhalten wollte, größere Leere und freien Raum. So hat er die unterschiedlichen Typen der Säulenhallen in mathematischen Verhältnissen ausgedrückt. Die engste und gedrängteste ist der »pycnostylos«, dessen Joche $1^1/_2$ Durchmesser der Säule entsprechen. Der »systylos« entspricht 2 Durchmessern. Die ausgewogene Ordnung, die Hermogenes im Sinn hatte, ist der »eustylos«, dessen Joche $2^1/_4$ Durchmesser haben. (Der »diastylos« ist noch gelöster; hier erreicht das Joch 3 Säulendurchmesser, während der »aerostylos« mit $3^1/_2$ Säulendurchmessern zu schlank ist, um ein Steingesims zu tragen.)

In den Baudenkmälern von Magnesia können wir die Anwendung der Theorien des Hermogenes greifen. Die Fassade des Tempels der Sosipolis, den er für die Agora von Magnesia erbaut hat, ist eine genaue Nachbildung seiner theoretischen Schemata. Er hat eine Prostylos-Fassade von vier Säulen vor einem tiefen Pronaos erbaut, der so groß ist wie die Cella. Der Opisthodomos ist auf die Hälfte reduziert; er hat zwei Säulen in antis. Das Verhältnis der drei Räume ist 2:2:1. Und das Quadrat des Pronaos (6,55 × 6,53 m) findet sich auf der Fassade wieder (Höhe der Säulen 6,30 m und Breite zwischen den seitlichen Achsen 6,35 m). Die Proportionen der Ordnung sind die des eustylos. Die Höhe der Säule (6,30 m) entspricht $9^1/_2$ Durchmessern (0,66), und die Joche entsprechen $2^1/_4$ Durchmessern.

Kurz nach der Erbauung des Tempels wurde die Agora von einem Ensemble von Portikus eingeschlossen, die zu dem benachbarten Heiligtum der Artemis Leucophryene gehörten, das bereits vor dem Entwurf des regulären Stadtplanes dort stand. Der Tempel der Artemis ist auch – wie Vitruv sagt – eine genaue Illustration der Definition des Pseudodipteros. Die Länge des Joches ist der Modul, nach dem der Grundriß des Tempels entworfen ist. Die Galerie ist zwei Modul breit, der Naos vier Modul tief, ebenso wie die Cella, während der Opisthodomos um die Hälfte reduziert ist. So entsteht das gleiche Verhältnis (2:2:1) wie im Tempel des Zeus. Das Gebälk enthält alle traditionellen Elemente: Architrav, Fries und Zahnlei

252. Lindos auf der Insel Rhodos.
Terrasse mit dem Athenatempel.

253, 254. Lindos. Portikussäulen und Zugangstreppe des Athenatempels.
255. Lindos. Athenatempel. Cella.

*256. Kamiros auf der Insel Rhodos.
Lage der hellenistischen Stadt.
257. Kamiros. Sanktuarium.*

ste. Man wird das Vorhandensein einer großen Öffnung über dem Front-Tympanon bemerken, über dem erweiterten Mitteljoch. Zwei kleinere Öffnungen sind symmetrisch über der Achse des zweiten und sechsten Joches angelegt. Die systematische Suche nach schlankeren Proportionen und die Leichtigkeit der Säulen verlangten, daß das Hauptgesims und der Giebel leichter wurden. Auch forderte der Innenplan mit zwei Reihen von sehr eng stehenden Säulen eine Beleuchtung in Beziehung zu den Riten und den Kultzeremonien.

Hermogenes erscheint so als der große Theoretiker der hellenistischen Architektur, dessen Prinzipien und Schöpfungen weit in die Ferne wirkten und die Proportionen der Ordnung bis in die kaiserliche Zeit beeinflußt haben.

Beschließen wir diese Betrachtungen über die Bauten der hellenistischen Epoche mit einer Gruppe von Werken, die eine der wichtigsten Eigenheiten dieser Architektur hervorhebt: ihre Beziehungen zur Skulptur. Seit der archaischen Zeit haben die Tempel und Grabdenkmäler bildhauerischen Schmuck erhalten, der an bevorzugten Plätzen angebracht wurde, in Beziehung zu gewissen Strukturen, zunächst als Relief, dann in rund-erhabener Arbeit. Genaue Regeln bestimmten seinen Gebrauch und die Entwicklung der Monumentalskulptur.

Enger mit der Architektur verbunden, weil sie eine funktionelle Rolle spielten, waren die Koren und die Karyatiden, die in den ionischen Schatzhäusern von Delphi, wie auf der Tribüne des Erechtheions, ein Gebälk tragen. Im Olympieion von Agrigent verbanden sich die Telamonen, die der Mauer appliziert waren, in jedem Joch dem Rhythmus der dorischen Halbsäulen, die selbst in das Mauerwerk integriert waren.

Am Anfang des 4. Jhs., mit dem Monument der Nereiden von Xanthos, und ein wenig später mit dem Mausoleum von Halikarnassos erscheinen Skulpturen, die sich der Architektur einfügen. Nicht nur vermehren sich die Friese, sondern hohe Unterbauten tragen, mit der Grab-Ädikula, Statuen von Göttern oder Heroen. Sie stehen manchmal, wie in Xanthos, in den Jochen und führen eine Bewegung und einen Rhythmus ein, der – dem Schein nach – die strenge Architekturkomposition durchbricht. Wir finden die Ursprünge dieses Charakters in den ersten Monumenten der lykischen Akropolis im Lauf des 5. Jhs. Sie verbinden sich der orientalischen Tradition, die seit dem 2. Jahrtausend, wie in Ägypten, die Bildnisse der Götter oder Könige bedenkenloser den inneren oder äußeren Säulenhallen der sakralen Gebäude einfügt. Sowohl die Fürsten von Lykien als auch die Satrapen von Karien waren empfänglich für orientalische und einheimische Traditionen, wenn sie sie auch veränderten, indem sie sie dem hellenistischen Schmuck anpaßten,

258. *Pergamon. Akropolis.*
259. *Pergamon. Plan der Akropolis.*
260. *Pergamon. Modell der Bebauung der Akropolis. Berlin, Pergamon-Museum.*

den sie bei griechischen Künstlern in Auftrag gaben.
Vergessen wir nicht die Silhouette der lykischen oder karischen Monumente, die sich auf massiven Unterbauten erhoben. Ein oder zwei Friese schmückten sie und ein Gesims in ionischer Art mit zwei oder drei Reihen übereinandergelegter Eierstäbe. In Halikarnassos wie in Xanthos stehen die Bildnisse der Götter oder der Heroen am Rand des Sockels, sei es allein, sei es mit den Säulenreihen oder den Grabkapellen verbunden. Das gleiche Prinzip wird später, im 3. und 2. Jh., auf die großen Altäre in Pergamon, in Priene, in Magnesia am Mäander angewandt. Der berühmteste dieser Altäre ist der, den die Attaliden dem Zeus und der Athena weihten, vielleicht sogar allen Göttern der Stadt, auf einer der Terrassen der Akropolis von Pergamon. Der Plan griff die Tradition der ionischen Altäre auf, die den Opfertisch auf einen hohen Unterbau aus Stufen stellten, dessen Mittelteil durch zwei Seitenflügel nach hinten verlängert war.

Eumenes II. verwandelte zu Anfang des 2. Jhs. das traditionelle Schema in ein überreiches monumentales Ensemble, in dem architektonische Formen und bildhauerische Motive eng miteinander verbunden waren. Eine große majestätische Treppe führte zur Mittelplattform hinauf, die von zwei vorspringenden Vorbauten eingerahmt war. Das Ganze ruhte auf einer Krepis von fünf Stufen, innerhalb eines Quadrats (36,44 × 34,20 m). Der Unterbau bestand zunächst aus einer Untermauerung aus glatten Orthostaten, deren profilierte Bekrönung die Basis eines Frieses von 2,28 m Höhe bildete, der die legendären Kämpfe der Götter gegen die Giganten feierte. Er war eines der Meisterwerke aus den Werkstätten von Pergamon, ja der ganzen hellenistischen Epoche. Der Fries war fast 120 m lang. Auf dem so geschmückten Sockel erhob sich eine ionische Säulenhalle, die vor der Mauer stand, die die Plattform im Norden, Süden und Osten begrenzte. Den Westen nahm die monumentale Treppe ein. Auf dieser Wand, die den Altartisch umgab, entrollte sich ein neuer Fries und erzählte die Legende des Telephos. Schließlich standen die Statuen von Gottheiten oder allegorischen Figuren in den Jochen, die die Zugangsrampe beherrschten.

Sowohl in Priene als auch in Magnesia am Mäander, nur mit kleineren Proportionen und geringerem Reichtum, wurden der gleiche Plan und die gleichen dekorativen Themen miteinander verbunden. Die Plattform, auf der sich der Altartisch über einer mehrstufigen Krepis erhob, war von einer ionischen Ordnung umgeben und hatte zwei zurückgreifende Flügel. Der Sockel trug keinen Fries. Aber eine Reihe vollplastischer Figuren nahm die Joche der Säulenreihe an der Fassade und an den unbedeutenderen Seiten ein.

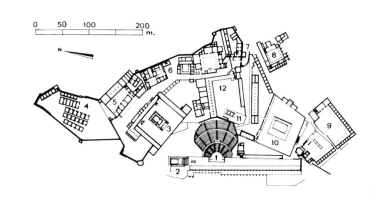

1. Theater / 2. Dionysostempel / 3. Trajaneum / 4. Arsenal / 5. Kaserne / 6. Paläste / 7. Festungstor / 8. Heroon der Könige / 9. Agora / 10. Altar / 11. Athenatempel / 12. Athenaheiligtum

261. Pergamon. Theater.

In diesen Kompositionen sind die Ursprünge jenes Themas zu sehen, das, in späteren Jahrhunderten, sich in der Form von Nischen, die den Gesamtbauten integriert sind, ausbilden wird, mit Rahmen von Säulen und mit Frontgiebeln, die die hohen Fassaden der Szenenbauten, der Nymphaeen und der Paläste der römischen Architektur schmücken werden.

Die Organisation des Raumes und der hellenistische Städtebau
Die Komposition der monumentalen Gebäudeanlagen und ihre Beziehungen zum umgebenden Raum erfahren zu Beginn der hellenistischen Epoche eine grundlegende Wandlung, die vielleicht die größte Neuerung dieser Periode in der Geschichte der griechischen Architektur darstellt. In den heiligen Stätten und auf den archaischen und klassischen Agoren werden die Gebäude nach ihrer spezifischen Funktion und nach ihrer Individualität behandelt. Der Raum organisiert sich frei um sie herum und nimmt – ohne viel Gesetzmäßigkeit – ihre Nebengebäude auf. Als – aus Gründen der Stadtpolitik – ein strengerer Rahmen festgelegt wird, scheint der architektonische Raum immer weit offen und in direkter Verbindung mit den ihn umgebenden Zonen geblieben zu sein.

Die politische Evolution setzt die zentralistischen und protzigen Tendenzen der hellenistischen Fürsten an die Stelle der monumentalen, verschiedenartigen und oft auseinanderstrebenden der griechischen Städte. Die Wandlung der Ästhetik, die versucht, die bildhaften und plastischen Wirkungen zur Geltung zu bringen, und der wachsende Einfluß der anderen Künste, Malerei und Bildhauerei, auf den Architekten wetteifern, um eine neue Konzeption der architektonischen Gesamtanlage entstehen zu lassen. Die Gebäude verlieren an Autonomie und werden den sie umgebenden Anlagen eingefügt, die sich schließen und zusammenschließen. Die monumentalen Massen werden nun innerhalb eines klar bestimmten und rigoros abgegrenzten Raumes voneinander abhängig. Die Terrassen und Plätze werden von Portikus umgeben, die damit einen Raum ausschneiden, dessen Inneres wie das eines Einzelbaus behandelt wird. So entsteht eine architektonische Landschaft, deren Elemente alle voneinander abhängen und die nach der Funktion ihrer plastischen oder bildhaften Wirkung organisiert sind. Von nun an werden die großen Regeln der symmetrischen Ausgewogenheit und der axialen Anlage ins Spiel kommen, zunächst zurückhaltend, dann mit immer stärkerem Einfluß.

Dies wird durch zwei Elemente begünstigt, die widersprüchlich erscheinen, aber ihren Einfluß in der gleichen Richtung ausüben: einmal die Bildung des Stadtgrundrisses über einem rechtwinkligen Raster, der mehr und mehr dazu zwingt, Zonen klar zu begrenzen und lange Säulenhallen zu entwickeln, die diese umschließen; zum

262. *Pergamon. Dionysostempel.*
263. *Pergamon. Theaterterrasse.*

anderen die Wirkung der Anlage auf Terrassen, was zu bestimmten und geschlossenen Gesamtanlagen führt, die untereinander nicht in Beziehung stehen. Es ist dieses Element, das man herausarbeiten muß, denn es ist das bahnbrechendste. Das Heiligtum des Apollo in Delphi, das der Hera am Rande der Ebene von Argos und andere, weniger bekannte auf dem Peloponnes beweisen, daß die griechischen Architekten es seit der archaischen Epoche verstanden, ihren Vorteil aus den Unebenheiten des Geländes zu ziehen, um ein Gebäude zur Geltung zu bringen. Aber es wurde für sich selbst behandelt, ohne eine Beziehung von Masse oder Volumen zur Landschaft herzustellen. Im Verlauf des 4. Jhs. wird von den Architekten, die im Dienst der Satrapen von Karien stehen und für Mausolos von Halikarnassos arbeiten, für seinen Bruder Idrieus an den heiligen Stätten von Labranda und Amyzon sowie für seine Schwester Adda, ein neues Element eingeführt. Die Beschreibung der Stadt Halikarnassos von Vitruv, die Grabungen in Labranda und Amyzon, die Reste von Alinda lassen uns das System der großen Terrassen erkennen, die durch schöne Stützmauern bestimmt und durch Treppenrampen, die von Propyläen gekrönt werden, untereinander verbunden sind. Die Gebäude sind mit der Absicht plaziert und gruppiert, sie als Teile einer Gesamtanlage zu behandeln. Sie haben reduzierte Proportionen, sind aber an bevorzugten Plätzen aufgestellt, um sie in die kunstvoll organisierte Landschaft zu integrieren. Hier folgten die griechischen Architekten Inspirationen, die eher von achämenidischen Bauten als aus hellenischer Tradition stammten und mehr von der Architektur der Könige als von der demokratischer Städte bestimmt wurden.

Die Anlage in Terrassen bedingt auch die großen Säulenhallen, deren untere Ebene einen Unterbau bildet und unterirdische Nutzräume bereitstellt, während die Etage, die der Terrasse entspricht, diese gleichzeitig vergrößert und begrenzt. Der große Portikus der Agora von Alinda bietet ein gutes Beispiel und kündigt bereits die Portikus von Pergamon an. Die Entwicklung dieser Terrassenarchitektur wird anschaulich durch zwei große heilige Stätten, der der Athena auf Lindos und der des Asklepios auf Kos. Die Anlage von Lindos ist besonders lehrreich wegen der Gestaltung der aufeinanderfolgenden Terrassen mit Hilfe von Säulenhallen und Treppenrampen, die ineinander übergehen. Diese Anlage ist in Etappen geschaffen worden, die das Verfahren erkennen lassen, das die Architekten anwendeten, um eine – manchmal künstliche – Einheit zu erzwingen. Der Kultort von Lindos geht auf archaische Zeiten zurück. Der erste Tempel wurde auf der obersten Terrasse am Rand des Abgrundes gebaut, um – wie es scheint – der heiligen Grotte, die weiter unten lag, verbunden zu sein. Diese rituell bedingte Lage konnte nicht durch spätere Umbauten

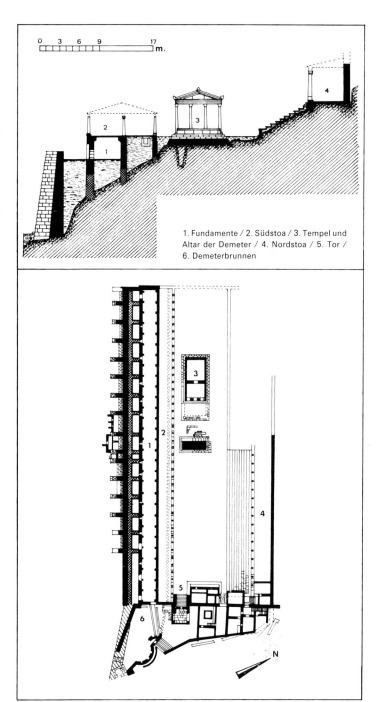

264, 265. Pergamon. Demeterheiligtum. Schnitt und Grundriß der Südstoa, des Tempels, der Treppe und der Nordstoa.

1. Fundamente / 2. Südstoa / 3. Tempel und Altar der Demeter / 4. Nordstoa / 5. Tor / 6. Demeterbrunnen

symmetrisch gestaltet werden. Ein erstes Programm zur Behandlung der obersten Terrasse wird im Anfang des 3. Jhs. konzipiert, gemäß den neuen Konzeptionen der Zeit. Ein weitläufiges Propylon bezeichnet den Eingang zum Heiligtum. Fünf Türen durchbrechen die Mittelmauer. Ihnen entspricht ein Portikus mit zehn Säulen in der Fassade. An jedem Ende umschließt – nach dem Beispiel der Propyläen des Mnesikles – ein Prostylos mit vier Säulen den Durchgang. Der Altar steht in der Achse des Eingangs, und der Hof ist im Norden, Osten und Westen von Portikus umrahmt. Am Ende des 3. und Anfang des 2. Jhs. wird die untere Terrasse dem Heiligtum eingefügt, um die Rolle des monumentalen Tores zu übernehmen. Eine große Treppe wird breit vor dem Propylon entwickelt; der Fuß der Terrasse wird durch eine 68 m lange Säulenhalle gebildet, die das gleiche Motiv der vorspringenden Flügel wiederholt. Auf der Ebene der großen Treppe kann sich kein Portikus entwickeln. Nur die Säulenhalle setzt sich fort und bildet – ohne das Problem der Kontinuität zu lösen – einen langen Vorhang von dorischen Säulen. So wiederholen sich die Themen auf jeder Ebene um den Preis einiger Anomalien, aber die Konturen der aufeinanderfolgenden Terrassen werden von einer architektonischen Anlage eingefaßt, die ihnen eine vollkommene Gestaltung sichert.

Eine vergleichbare und nicht weniger grandiose Entwicklung finden wir in der fortschreitenden Anlage des Heiligtums des Asklepios, das auf den Hügeln liegt, die die Ebene im Süden begrenzen, wo die Stadt Kos und ihr Hafen lagen. Die ersten Bauten des Heiligtums werden – wie in allen Asklepieia – durch Quellen bestimmt, die an der Seite des Hügels entspringen. Der erste bescheidene Tempel richtet sich auf einer mittleren Terrasse ein, dort, wo schon im 4. Jh. ein Altar errichtet worden war. Die heute sichtbaren Elemente des Tempels gehören zu einem Wiederaufbau aus dem 2. Jh., der den Vorschriften von Hermogenes folgte. Ein quadratisches Abaton und ein kleiner Portikus vervollständigen diese noch rudimentäre Anlage am Beginn des 2. Jhs. Sie ist nach alter Art konzipiert. Die Gebäude sind ohne andere Beziehung als die zum Kult und ohne Sinn für architektonische Gruppierung erstellt. Es scheint, daß das große monumentale Programm erst etwa um die Mitte des 2. Jhs. konzipiert und begonnen wurde. Am Fuß des Hügels wird eine Terrasse wie ein weiter Empfangsraum behandelt, während sich auf der obersten Terrasse ein neues Heiligtum zu dem alten gesellt. Aber es ist nach ganz anderen Prinzipien gebaut, in denen die Wirkungen der Axialität und der Symmetrie zwingend sind. Der Empfangsplatz unten mißt 93 × 47 m. Er ist an den Nord-, Ost- und Westseiten von einer dorischen Säulenhalle eingefaßt, die an ihrem Südende ihren Abschluß in

266. Pergamon. Demeterheiligtum.

267. Athen. Ansicht der Agora mit der Stoa des Attalos.

einer mächtigen Stützmauer findet, die die primitive Zwischenterrasse reguliert und die beiden Quellen integriert, die am Anfang des Kultes standen. Die zerstreute Lage der ersten Einrichtungen und die Unregelmäßigkeit der Terrasse erlaubten nicht die Anwendung eines axialen und symmetrischen, vollkommen homogenen Grundrisses. Aber überall, wo es möglich war, im Detail die Anlage diesen Prinzipien zu unterwerfen, wurden sie angewandt. So führte der Zugang zu dem Platz auf der ersten Ebene durch ein offenes Propylon, das in zwei symmetrische Hälften geteilt war, mit dahinterliegenden Flügeln. Auf dieser Achse wurde die erste große Treppe angelegt, die den Aufstieg zur Zwischenterrasse ermöglichte.

Axialität und Symmetrie zwangen der Organisation der obersten Terrasse, die das Ganze krönte, von neuem ihr Gesetz auf. Entsprechend dem unteren Portikus, aber sich im Gegensatz dazu nach Norden öffnend, umschloß eine Anlage von drei Portikus die Terrasse, und auf der Achse lag die Treppe, die die beiden Terrassen und den großen Tempel miteinander verband. Auch er war ein Peripteros dorischer Ordnung, eine Nachbildung des Tempels des Asklepios von Epidauros, nur in größerem Maßstab erbaut.

In diesen beiden Beispielen sehen wir das doppelte Anliegen, eine Anlage von Volumina und monumentalen Massen zu erstellen, die sich miteinander verbinden und durch das System der Terrassen gegenseitig zur Geltung bringen, aber auch diese Anlagen nach axialen und symmetrischen Grundsätzen aufzuteilen und zu behandeln, was den Architekten des klassischen Griechenlands völlig fremd war. Doch die Lehre ging nicht verloren. Wir kennen den Einfluß, den diese Versuche auf die ersten römischen Bauten ausübten. Das Heiligtum der Fortuna von Praeneste ist offenbar ein direktes Erbe dieser hellenistischen Anlagen, jedoch durch italienische Tradition angepaßt, die selbst für die Regeln der Axialität und der Symmetrie sehr empfänglich war.

Die große Bewegung des Städtebaus der hellenistischen Epoche paßt die von der Vorzeit erworbenen Prinzipien den neuen Regeln der Ästhetik an und wandelt sie zugleich: Die monumentalen Massen zur Geltung zu bringen, den Raum sehr viel strenger zu bestimmen und zu organisieren, zu versuchen, die verschiedenen funktionellen Elemente miteinander zu einer architektonischen Einheit mit geschlossenen und einheitlichen Umrissen zu verbinden, systematischen Gebrauch von den langen Säulenhallen zu machen, die Monumentalität der städtischen Architektur, die zu linear und zu zerstreut ist, zu erhöhen, dies alles gehört zu den fundamentalen Tendenzen eines Städtebaus, der in den vielfältigen Anlagen, die die Expansionspolitik der hellenistischen Fürsten begleiten, seinen Ausdruck finden wird. Was die Architekten den Herrschern an Techniken und Formen zur Verfügung stellten, wußten diese mit Hilfe ihrer Finanzen für ihr politisches Streben bestens zu nutzen und daraus ein Element ihrer Propaganda zu machen.

Hier noch einige Beispiele, die die vollkommene Anpassung dieser Prinzipien an das von den Meistern ihrer Kunst geforderte Programm aufzeigen werden. Pergamon und seine Akropolis sind ein schönes Beispiel des Städtebaus in Terrassen, wobei die monumentalen Massen durch die Schwierigkeiten, die die Landschaft bietet, erst recht zur Geltung gebracht wurden. Auf halber Höhe, am Hang der Akropolis, die ihre erhabene Spitze 330 m über dem Meer erhob, fordern zunächst die Gymnasien unsere Aufmerksamkeit. Sie stehen auf drei Terrassen in einer Schleife der Hauptstraße, die entsprechend den ungeduldigen Kurven des Niveaus ansteigt. Von der Straße, die eine Quelle mit Portikus begrenzt, führt durch einen gewölbten Durchgang mit zwei Treppenläufen, dessen Tonnengewölbe auf zwei verschiedenen Ebenen senkrecht zueinander stehen, eine Treppe auf die erste Terrasse hinauf. Von dieser ersten dreieckigen Terrasse, die die Spitze der Komposition bildet, gelangt man über Treppen zur zweiten Terrasse empor, die an ihrer längsten Seite von einem gedeckten Weg begleitet wird, der ein Stadion (212 m) lang ist und dessen Bedachung auf einer Ebene mit der obersten Terrasse lag. So war die beste ästhetische und funktionelle Verbindung mit dem großen Gymnasion hergestellt, das sich weitläufig um eine Terrasse von 200 × 45 m herum entfaltete. Der freie Blick ging, wie immer in Pergamon, nach Süden, während sich die Hauptsäle des

268. Athen. Hephaesteion.
Hauptfassade.
269. Athen. Stoa des Attalos.
Wiederaufbau.

270. Athen. Säulen der Attalosstoa.
Im Hintergrund das Hephaesteion.

Gymnasion im Norden an den Steilhang lehnten. Hier lagen hintereinander das Ephebeion, mit seinem Odeon, und – mit dem Portikus der Fassaden durch eine Gruppe von vier Säulen verbunden – mehrere Übungssäle, die in römischer Zeit mit einer Halbkuppel gedeckt wurden. Die hellenistischen Bauteile sind aus dem dort anstehenden Stein errichtet, aus vulkanischem Andesit von dunkler Farbe, der mit der Landschaft verschmilzt. Alle Portikus sind dorisch. Rekonstruktionen aus römischer Zeit haben reichlicheren Gebrauch von Marmor gemacht und die dekorative korinthische Säule eingeführt. Den Gymnasien durch eine kleine Terrasse verbunden, die rechts und links der Hauptstraße verlängert war, lag im Nordwesten das Heiligtum der Demeter, auf einer von Ost nach West verlaufenden, verlängerten Terrasse. Es wurde von der Familie der Attaliden besonders gut betreut. Das erste Gebäude war von Philetairos, dem Gründer der Dynastie, erbaut worden und umfaßte einen kleinen Tempel und dessen Altar vor dem Eingang. An dem Nordtor entlang der östlichen Terrasse befand sich der Altar mit den Stufen für die Gläubigen. Sie wurden durch einen einfachen Portikus, der den Tempel begleitete, nach Westen verlängert. Am Ende des 3. Jhs. läßt Apollonis, die Gemahlin von Attalos I., tiefgreifende Umbauten vornehmen, in denen die technische Geschicklichkeit der Architekten von Pergamon besonders ersichtlich wird. Auf der Südseite, wo der Abhang steil zur Ebene abstürzte, wurde die Terrasse durch einen monumentalen Portikus von 85 m Länge gestützt und vergrößert. Seine Fundamente lagen am äußersten Ende der Terrasse, tiefer als diese, in direkter Verbindung mit den abschüssigen Hängen der Landschaft. Eine unterirdische Galerie wurde auf der unteren Ebene erstellt. Zu ihr gelangte man über eine schmale Erdaufschüttung in Verbindung mit dem Eingang zum Heiligtum. Auf der Ebene der Terrasse bildet die zweischiffige Stoa mit zwei Säulenhallen eine schöne, offene Galerie, die den Blick auf die Ebene freigibt. Sie wendet sich nach Westen, um das Heiligtum zu schließen und erreicht den Nordportikus, der selbst oberhalb der Stufen nach Osten verlängert ist, um eine neue Galerie zu bilden, von der aus der Blick über den Südportikus hinweg in die Ebene, bis an die fernen Gestade geht. Fügen wir hinzu, daß auf der untersten Ebene unter der unterirdischen Galerie Nutzräume in einem Untergeschoß angelegt waren. Wir haben hier im 3. Jh. den Prototyp einer langen Reihe von Gebäuden, die Portikus und unterirdische Säle miteinander verbinden. Diesen Typus werden die Architekten der Attaliden als erste in die Gebiete ausführen, die Pergamon unterworfen oder zu Alliierten und Freunden des Herrscherhauses gemacht hat, nach Aegae, nach Assos, nach Pamphylien. Die Nachfolger werden diese Anregungen aufgreifen, um daraus, zusammen mit dem System des

271, 272. Assos. Grundriß und Rekonstruktion der Agora.

273. Milet. Buleuterion. Grundriß.
274. Milet. Buleuterion. Rekonstruktion.

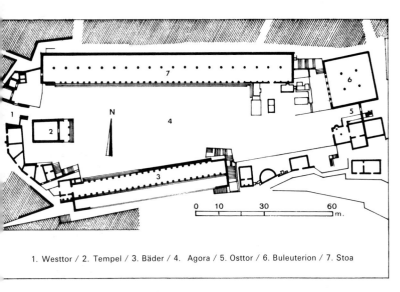

1. Westtor / 2. Tempel / 3. Bäder / 4. Agora / 5. Osttor / 6. Buleuterion / 7. Stoa

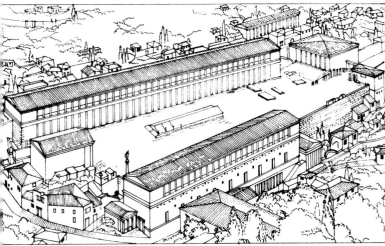

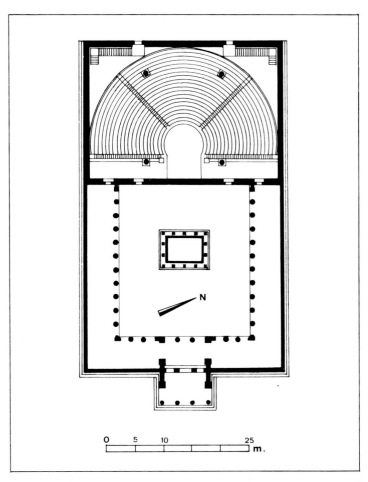

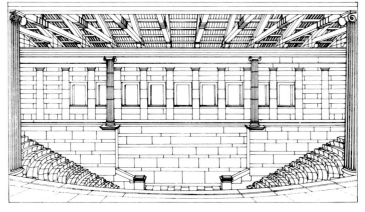

275. Milet. Theater.

276. Milet. Theater.

Kryptoportikus, ein wesentliches Element des Privat- und des Städtebaus in den römischen Städten zu machen. Zahlreiche Beispiele davon aus kaiserlicher Zeit finden wir in allen Provinzen, von der Agora von Smyrna bis zu den Foren von Arles und Conimbriga.

Ehe wir Pergamon verlassen, müssen wir noch einmal auf den Erfolg der Architekten der Attaliden bei der Gestaltung der Akropolis hinweisen. Das Theater wurde wie auf den Gelenkpunkt eines Fächers gelegt, den die Abfolge der Terrassen auf den verschiedenen Ebenen bildet; auf dem Gipfel ist sie durch die Arsenale und am anderen, südlichen Ende durch die Agora begrenzt. Zwischen diesen beiden Anlagen, die nützliche und praktische Funktionen haben, liegen nach Osten zu die fürstlichen Paläste, verteidigt durch die Umwallung und die steilen Felsabhänge. Im Westen liegen die Tempel der Gottheiten mit Athena in der Mitte, deren Heiligtum von dem Trajaneum beherrscht wurde, und unterstützt von dem großen Altar des Zeus und der Athena. Attalos I. und Eumenes II. gebührt der Ruhm, diese Anlage im Verlauf des letzten Drittels des 3. Jhs. und im ersten Viertel des 2. Jhs. verwirklicht zu haben. Später erfolgten nur noch Ausbesserungen und Ergänzungen.

Der Einfluß der pergamenischen Architektur ist mit den politischen und historischen Ereignissen verbunden, die das Königreich der Attaliden kennzeichnen. Die Attaliden, stolz auf das von ihnen Erreichte, ehrgeizig und besessen von dem Wunsch, in Kleinasien die wahren Repräsentanten des Hellenismus zu sein, ließen, da sie zugleich über bedeutende Gelder verfügten, ihre Gesandtschaften von Architekten begleiten. Die mit Pergamon verbündeten oder befreundeten Städte und ehrwürdige Städte Griechenlands, wie Athen und die großen heiligen Stätten von Delphi oder Delos, nahmen die Arbeitsgruppen von Architekten und Steinmetzen bereitwillig auf, die die Attaliden ihnen sandten. Später förderten die engen Bindungen an Rom die Verbreitung der pergamenischen Kunst im Westen, wo man die Bedeutung ihres Einflusses kennt. Die pergamenische Architektur und Bildhauerei haben beide, sowohl in der Komposition wie in der Übermittlung von Formen und Dekorativem, eine fundamentale Rolle bei der Entstehung der römischen Baukunst in der Kaiserzeit gespielt.

Um die Architektur der hellenisierten und romanisierten Länder im Osten und Süden des Mittelmeers zu verstehen, darf man nicht die großen Beispiele vergessen, die der Städtebau von Milet geliefert hat. In geometrischem Rahmen und strenger begrenzt als die Terrassen von Pergamon, haben der Geschmack an Gesamtanlagen und die Konzeption der monumentalen vereinten und organisierten Massen die Expansion des rechtwinkligen Grundrisses begleitet. In dem Raster, der im 5. Jh. v. Chr. für Milet entworfen

wurde, verfolgt man die Bildung der geschlossenen Formen. Die Märkte im Norden, die Umfriedung des Buleuterion, das benachbarte Heiligtum, das Gymnasion und schließlich die große monumentale Straße, die die Achse bildet, entlang deren sich alle diese Anlagen häufen, verändern sich fortlaufend, weil Säulenhallen die einfachen Mauern der Umfriedung ersetzen. Die Portikus bestimmen genauer die Linien des Schachbretts und umschließen mit ihren Säulenhallen die Hauptgebäude, gemäß den Gesetzen der Axialität. Wir würden hier gern genauer die großen monumentalen Anlagen von Alexandria besprechen, die dem Verfahren, das sie von der griechischen Architektur ererbt hatten, den Sinn für das Grandiose und Weite hinzufügten, den sie der lokalen Überlieferung verdankten. Eine Gruppierung monumentaler Zonen hatte sich in Alexandria vollzogen, in der Nordzone, die der Geist Alexanders erfüllte. Die Paläste, die Museen, die großen heiligen Stätten, wie das Serapeion, verlangten, so scheint es, weitgehend nach langen Säulenhallen, nach weiten Portikus, die die Plätze umgaben, auf denen später die Hauptgebäude entstehen sollten. Die Museen von Kairo und Alexandrien lassen in ihren Sammlungen den Geschmack an kraftvollen Dekorationen erkennen, den besonderen Erfolg des korinthischen Stils. Anhand der Bilder der großen hellenistischen und römischen Städte der Cyrenaika und Lybiens kann man sich die großen Züge des Stadtbildes von Alexandria vorstellen. Man muß die Einzelheiten hinzufügen, die uns die alexandrinischen Landschaften auf pompejanischen Wandgemälden bieten, deren reiche Fassaden den architektonischen Resten der Städte in Kleinasien und Syrien gleichen. Man möchte einen Augenblick entlang der großen Straße von Kyrene wandeln, nahe den Gymnasien, beim Kaisareion, beim großen Heiligtum des Zeus und vor den Fassaden der großen Portikus der Agora stehen. Man wird dort, wie in Perge und Side, an den Mittelmeerküsten Anatoliens, und in Gerasa, im Inneren Syriens, die vertrauten Linien der langen Straßen mit Säulenhallen wiederfinden, die von Läden gesäumt und von farbigem Leben erfüllt waren. Der Besucher durchschreitet die große, in sich geschlossene Anlage mit regelmäßigen Umrissen und begegnet den monumentalen Fassaden ionischer oder korinthischer Tempel. Rechts und links entwickeln sich weite Säulenhallen. Überaus reich ist der Formenschatz, aus dem die westlichen und die östlichen Architekten schöpften, vor allem die Architekten im Dienst der römischen Kaiser.

BIBLIOGRAPHIE

Kreta und Mykene

BOSSERT, H., Altkreta. 3. Aufl. Belin 1937

DESBOROUGH, V. R. D'A., The Last Mycenaeans and their Successors. An Archaeological Survey. Oxford 1964

Études CRÉTOISES, Fouilles de Mallia. Bd. 1 ff. Paris 1928 ff.

EVANS, A. J., The palace of Minos at Knossos. Bd. I-V. London 1921-1925

GRAHAM, J.W., The Palaces of Crete. Princeton 1962

MARINATOS, S., und H. HIRMER, Kreta und das Mykenische Hellas. München 1959

MATZ, F., Kreta, Mykene, Troia (Große Kulturen der Frühzeit). Stuttgart 1956

MATZ, F., Kreta und frühes Griechenland. Prolegomena zur griechischen Kunstgeschichte (Kunst der Welt). Baden-Baden 1962

MYLONAS, G. E., Ancient Mycenae. London 1957

MYLONAS, G. E., Mycenae and the Mycenaean Age. Princeton 1966

PALMER, L. R., Mycenaeans and Minoans. London 1965

PENDLEBURY, J. D. S., The Archaeology of Crete. An Introduction. London 1939. Neudruck New York 1965

PERNIER, L., und L. BANTI, Guide degli scavi italiani in Creta. Roma 1967

PLATON, N., La Crète et la Grèce primitive. Genf 1968

SCHACHERMEYR, F., Die minoische Kultur des alten Kreta. Stuttgart 1964

SCHACHERMEYR, F., Ägäis und Orient; Die überseeischen Kulturbeziehungen von Kreta und Mykenai mit Ägypten, der Levante und Kleinasien (Österr. Akad. der Wiss. Denkschrift 93). Wien 1967

TAYLOUR, LORD W., The Mycenaeans. London 1964

WACE, A. J. B., Mycenae. Princeton 1949

Allgemeines

BERVE, H., G. GRUBEN und M. HIRMER, Griechische Tempel und Heiligtümer. München 1961

BIEBER, M., The History of the Greek and Roman Theater. 2. Aufl. Princeton 1961

BOARDMAN, J., J. DÖRIG, W. FUCHS und M. HIRMER, Die griechische Kunst. München 1966

CHARBONNEAUX, J., R. MARTIN und F. VILLARD, Grèce archaïque. Paris 1968

CHARBONNEAUX, J., R. MARTIN und F. VILLARD, Grèce classique. Paris 1969

CHOISY, A., Histoire de l'Architecture. 2 Bde. Paris 1929

DEMARGNE, P., Die Geburt der griechischen Kunst. Die Kunst im ägäischen Raum von vorgeschichtlicher Zeit bis zum Anfang des 6. vorchristlichen Jahrhunderts (Universum der Kunst). München 1965

DINSMOOR, W. B., The Architecture of ancient Greece. 3. Aufl. London 1950

Dizionario Enciclopedico di architettura e urbanistica, Hsg. P. Portoghesi. Rom 1968-1969

DURM, J., Handbuch der Architektur: Die Baukunst der Griechen. 3. Aufl. Leipzig 1910

ESPONY, H., Fragments d'architecture antique d'après les relevés et restauration des anciens pensionnaires de l'Académie de France à Rome. 2 Bde. Paris 1905

GRUBER, G., Die Tempel der Griechen. München 1966

KÄHLER, H., Der griechische Tempel – Wesen und Gestalt. Berlin 1964

KIRSTEN, E., und W. KRAIKER Griechenlandkunde – Ein Führer zu klassischen Stätten. 2 Bde. 5. Aufl. Heidelberg 1967

KOCH, H., Der griechisch-dorische Tempel. Stuttgart 1951

KOCH, H., Von ionischer Baukunst. Köln 1956

LAWRENCE, A. W., Greek Architecture (Pelican History of Art). Neuaufl. Harmondsworth 1962

MARTIENSSEN, R. D., The Idea of Space in Greek Architecture. 2. Aufl. Johannesburg 1964

MARTIN, R., Manuel d'Architecture grecque. Bd. I Matériaux et techniques. Paris 1965

MARTIN, R., und H. STIERLIN, Griechische Welt (Weltkulturen und Baukunst). München 1967

ORLANDOS, A., Les Matériaux de construction et la technique architecturale des Anciens Grecs. Paris 1966 und 1968

PLOMMER, W. H., Ancient and Classical Architectures. 4. Aufl. London 1964

RIEMANN, H., Zum griechischen Peripteraltempel. Düren 1935

RODENWALDT, G., und W. HEGE, Griechische Tempel. 2. Aufl. München 1951

WEICKERT, C., Typen der archaischen Architektur in Griechenland und Kleinasien. Augsburg 1929

Städtebau

CASTAGNOLI, F., Ippodamo di Mileto e l'urbanistica a pianta ortogonale. Rom 1956

DI VITA, Lo stoà nel temenos del tempio C e lo sviluppo programmatico di Selinunte. In: »Palladio«, 1967, S. 1-60

GIULIANO, A., Urbanistica delle Città greche. Mailand 1966

MARTIN, R., L'Urbanisme dans la Grèce antique. Paris 1956

WYCHERLEY, R. E., How the Greeks built Cities. 2. Aufl. London 1962

NAMEN - UND ORTSREGISTER
Die kursiven Zahlen sind Abbildungsnummern

Einzeldarstellungen
ADRIANI, A., N. BONACASA u. a., Himera I. Rom 1970
AKERSTRÖM, A., Die architektonischen Terrakotten Kleinasiens. Lund 1966
ANTI, C., Teatri Greci Arcaici. Padua 1967
AUBERSON, P., Eretria. Bd. I, Temple d'Apollon Daphnèphoros. Bern 1968
BERGVIST, B., The archaic Greek Temenos. Lund 1967
BOERSMA, J. S., Athenian Building Policy from 561/0 to 405/4 B.C. Groningen 1970
BOURAS, CH., Il restauro della Stoà di Braurone. Athen 1967 (in Griechisch)
BÜSING, H., Die griechische Halbsäule. Wiesbaden 1970
BUTLER, A. C., Sardis II, Architecture, II, The Temple of Artemis. Leiden 1925
GABRICI, E., Per la storia dell'architettura dorica in Sicilia. In: »Estratto dai monumenti antichi, R. Acc. dei Lincei«. Rom 1935, 1956
GERKAN, A., VON, und W. MÜLLER-WIRNER, Das Theater von Epidauros. Stuttgart 1961
GINOUVES, R., Balaneutikè. Recherches sur le bain dans l'Antiquité grecque. Paris 1962
HILL, D. H., The Temple of Zeus at Nemea. Princeton 1966
KLEINER, G., Die Ruinen von Milet. Berlin 1968
KOLDEWEY, R., und O. PUCHSTEIN, Die griechischen Tempel in Unteritalien und Sizilien. Berlin 1899
LEHMANN, K., Samothrace, 4-1 The Hall of Votive Gifts. New York 1962; 4-2 The Altar Court. New York 1964; 4-3 The Hieron. New York 1969
MAIER, F. G., Griechische Mauerbauinschriften. Heidelberg 1959

MALLWITZ, Olympia und seine Bauten. München 1972
MANSEL, A. M., Die Ruinen von Side. Berlin 1963
MANSUELLI, G. A., Architettura e Città. Bologna 1970
MILTNER, F., Ephesos. Stadt der Artemis und des Johannes. Wien 1958
NOVICKA, M., La Maison privée dans l'Egypte Ptolémaïque. Warschau 1969
RIDER, B. C., Ancient Greek Houses. Neuauflage. Chikago 1964
ROUX, G., L'Architecture de l'Argolide au IVe et IIIe siècles avant J. C. Paris 1961
ROUX, G., Delphi. München 1972
SCHEDE, M., Die Ruinen von Priene. 2. Aufl. Berlin 1964
SHOE, L. T., Profiles of Greek Mouldings. Cambridge, Massachusetts 1936
SHOE, L. T., Profiles of Western Greek Mouldings. Rom 1952
VALLET, G., und F. VILLARD, Megara Hyblaea, IV, Le temple du IVe Siècle. Paris 1966
VALLOIS, R., L'architecture hellénique et hellénistique à Délos. 2. Bde. Paris 1964, 1966
WESENBERG, B., Kapitelle und Basen. Düsseldorf 1971
WESTHOLM, A., Labranda, Swedish Excavations and Researches, I, 2. In: »Acta instituti Atheniensis regni Sueciae«, V, 2. Lund 1963
WINTER, F., Greek Fortifications. London 1971
YAVIS, C. G., Greek Altar. Origins and Typology. St. Louis 1949
ZANCANI MONTUORO, P., und U. ZANOTTI BIANCO, Heraion alla foce del Sele. Rom 1951

Achäer 37
Adda 188
Aegae 192
Ägina 75, 76, 80, 114, 166
– Aphaiatempel 75, *126-132*
Ägypten,
– Malerei 27
– Reich, Altes 7
– – Neues 7, 14
Agora 132
Agrigent 61, 63, 114, 157
– Agora 157
– Concordiatempel 157, *191*
– Heraklestempel 157
– Hera-Lacinia-Tempel 157, *102, 103*
– Kastor und Pollux-Tempel *105,* 188
– Zeustempel 157, 166, 184, *217, 219*
Aischylos 113
Akrokorinth 70
Akropolis 132, 143
Alexander der Große 198
Alexandria 198
Alinda 188
– Agora 188
– Theater 170
Amnisos, Fresken 29
Amyzon 188
Anatolien 51
Antimachides, Architekt 75
Antiochos III. 145
Antistates, Architekt 75
Apollo 118
Apollonis 192
Arcesius, Architekt 160
Argos 31, 58
– Heraion 58, 114, 188, *250*
– – Ädikula 39, *46*
Arkadien 95
Arles, Forum 196
Asklepios 99
Assos 192
– Agora *271, 272*
Athen 114, 132, 143, 144, 196

– Agora 102, 125, 128, 132, 143, 144, *205, 206, 267*
– Akropolis 39, 43, 44, 77, 79, *137, 138*
– – Museum, Giebel des Ölbaums *62*
– – – Heraklesgiebel *64*
– Altar der Zwölf Götter 143
– Areopag 143
– Athena-Nike-Tempel 43, 44, *65-68*
– Athenatempel 70, 80
– Attalosstoa *267, 269, 270*
– Befestigungen 31, 79
– Buleuterion 100, 102
– Erechtheion 43, 47, 51, 118, 184, *69-75*
– Hephaesteion *213, 268, 270*
– Lysikratesmonument *223*
– Nekropolen 143
– Nike-Balustrade 47
– Olympieion 166
– Panathenäenstraße 143
– Parthenon 44, 75, 77, 79, 80, 88, 93, 118, *69, 141, 140, 142, 143-149*
– Pnyx 100, 143
– Propyläen 44, 116, 117, 189, *139, 194, 195*
– – Kapitelle *172*
– Prytaneion 128, 143
– Tempel der Demeter und Kore 44
– – des Apollo 128
– – des Zeus 70
– – des Zeus Agoraios 143
– – des Zeus Phratrios 143
Attaliden 192, 196
Attalos I. 192, 196
Attika 88, 93, 143
Bassae, Apollotempel 93, 114, 168, *156, 159-162*
Byblos 7

Camarina 145, 151
Carpenter, Rhys 80
Chersiphron 42, 44
Conimbriga 196

Daphnis von Milet 176
Delos 39, 41, 100, 196
 – Artemision 125
 – – Letoon 41
 – Hypostylon 110
 – Schatzhäuser 125
Delphi 39, 40, 43, 114, 118, 196
 – Apolloheiligtum 43, 70, 188
 – Athenaheiligtum 58, *164, 166*
 – – Tholos 70, 164, *121, 163, 165*
 – Buleuterion 100
 – Chiosaltar 118
 – Schatzhäuser 43, 70, 184, 185
 – Schatzhaus der Athener 76, 118, *134, 196*
 – – von Knidos 44, *56*
 – – von Massilia (Marseille) 44, *56, 60*
 – – von Sikyon 70, 118, *122*
 – – von Siphnos 43, 118, *56-59, 61, 62*
Demosthenes 132
Diadochen 158
Didyma 43, 67, 114, 172, 179, *228*
 – Apollotempel 164, 172, *237-243*
Dodona, Theater *180, 181*
Dorer 35, 37
Dreros 16, 41, *45*

Egostena, Befestigungsturm *185*
Eleusis 102, 110
 – Demeterheiligtum 102
 – Telesterion *172-174*
Eleuthera, Befestigung *186, 187*
Ephesus, Artemision 42, 43, 67, 172
Ephyra, Manteion 170
Epidauros 166
 – Asklepios 99
 – – Tempel 189
 – Tempel L *219*
 – Theater *183*
 – Tholos 99, 166, *167-171, 214*
Epides, Architekt 61
Erechtheus 88

Eretria 40
 – Tempel des Apollo Daphnephoros 39, 58, *53*
Eridanos 88
Euripides 113

Faustina 172

Gabricci, E. 157
Gela 63, 68
Gerasa, Stadtanlage 198
Gla, Befestigungen 31
Großgriechenland 69
Gurnia *31*

Hagia Triada 24, *30*
Halikarnassos 51, 55, 188
 – Mausoleum 51, 184, 188
 – – Fries *81*
Hellenismus 5, 158, 160, 164, 166, 168, 170, 196, 198
 – Städtebau 187
Heraklion 19
Hermogenes, Architekt 158, 160, 168, 172, 180, 184, 189
Hesiod 37
Hestia 100
Hippodamos 144
Homer 35

Ida 24
Idrieus 188
Iktinos, Architekt 77, 79, 93, 102, 110, 116
Ilissosfluß 44, 88
Ionier 44
Istanbul, Klagefrauensarkophag *215, 216, 248*

Kairo, Museen 198
Kallaischros, Architekt 75
Kallikrates, Architekt 44, 79, 116
Kallimachos 164

Kallirhoë 88
Kamiros *256, 257*
Karien 184, 188
Kaulonia 114
Kekropiden 143
Kekrops 51, 88
Kephissosfluß 88
Kimon 44, 79, 102
Klazomenä, Schatzhaus 43
Kleomenes, Architekt 61
Knidier 43
Knossos 8, 12, 19
 – Paläste 8, 12, 19, 20, 22-25, 31, *11-26*
 – – Thronsaal 29
 – – Wandmalerei 27, 29, *27, 28*
Korfu 58
 – Artemistempel 70
Korinth
 – Akrokorinth 70
 – Apollotempel 70, 80, *123-125*
 – Peirenequelle *227*
Kos 188, 189
 – Asklepieion 188, 189
Kreta 5, 7, 41
 – Paläste, Erste 5, 12
 – – Zweite 14
 – Wandmalerei 27, 29
Krösus, König von Lydien 43, 172
Kroton 114
Kyrene 198

Labranda 188
 – Grabgewölbe 170
 – Zeusheiligtum *251*
Larissa, äolisches Kapitell *54*
Lato 16
Levkadia, Grab 168, 170
Libon, Architekt 76
Lindos, Athenatempel 188, *252-255*
Lokri 63
 – ionisches Kapitell *115*
 – Terrakottabrunnen *231*
Lybien 198

Lydien 43
Lykien 51, 184

Magnesia am Mäander 43, 172, 179, 180, 185
 – Artemisaltar *246, 247*
 – Artemistempel 179, 185, *245*
 – Sosipolistempel 180
Mallia 8, 12, 14, 19, 22-25, *1-4*
Malthi, Ruinen von 31
Mari 8, 14
Marseille, Ausgrabungen *210*
Massilia (Marseille) 56
Mausolos 55, 188
Megara Hybla 58, 68, 100, 145
 – Agora 128, *201*
Megaron 33, 102
 – kretisches 27, 33
 – mykenisches 33
Mesopotamien
 – Paläste 14
Messara 12
Metagenes, Architekt 42
Metapont 63, 145
 – Apollo-Lykeios-Heiligtum 151
 – dorische Tempelsäulen *104*
Milet 143-145, 196
 – Agora 168
 – Buleuterion *273, 274*
 – Stadtanlage 196, *207*
 – Theater *275, 276*
Minos 23
Mnesikles 116-118, 189
Monte Casale 145, 151
Morgantina, Agora *202*
Mykene 5, 19, 29, 31, 58, *37-39*
 – Löwentor 31, 58, *35, 36*
 – Schatzhaus des Atreus 33, 58, *42-44*
 – Tholos-Gräber 33, 170
 – Wandmalerei 33
 – Zyklopenmauern 31

Nauplia 31
Neandria, äolisches Kapitell 55

Notion, Buleuterion 110, 114
Nysa, Buleuterion 110

Oiniadai, Festungstore 170
Olympia 58, 75, 76, 80, 118
— Buleuterion 100
— Heraion 58, *82*
— Nymphaeum *199*
— Palästra *84, 200*
— Schatzhäuser 123, *83, 197*
— Schatzhaus von Gela 63
— Stadion *83, 198*
— Zeustempel 76, 118, 166, *133, 135, 136*
Onomaos 76
Orthostaten 39

Paeonios, Architekt 176
Paestum 63, 68, 69, 114, 157, *208*
— Athenatempel 157, 166, *111, 114*
— Forum *209*
— Heraion am Silarus 69, *112, 113*
— — Schatzhaus 39, 58, *85-90*
— Heratempel I (Basilika) 68, *106, 110, 190*
— — II (Poseidontempel) 69, *107, 110, 116-119, 189*
Paktolosfluß 172
Palaikastros 7
Pamphylien 192
Panathenäen 93
Panionion 114
Pausanias 77, 93
Peloponnes 55, 93, 188
Perachora, Votiv-Ädikula 39
Pergamon 172, 185, 188, 192, 196
— Akropolis *258-260*
— Demeterheiligtum 192, *264-266*
— Dionysostempel *262*
— Gymnasien 191, 192, *229, 230*
— Stadtanlage 196
— Theater 196, *261, 263*
— Zeusaltar 185, *249*
Perge, Stadtanlage 198

Perikles 77, 80
Phaistos 8, 12, 19, 20, 22, 23, 24, 25, *5-10*
Phidias 77, 79, 88, 164
— Gold-Elfenbein-State 80
Philetairos 192
Philos, Architekt 110, 144
Piräus 79, 144
— Arsenal 110, *178, 179*
Pisistratiden 102
Plato 132
Plinius 42, 164
Polykrates, Architekt 70, *52*
Pompeji, Wandmalerei 29, 198
Porinos, Architekt 75
Poseidonia s. Paestum
Praeneste, Fortunaheiligtum 191
Priene 110, 185
— Agora 170, *175*
— — Tor *232*
— Athenatempel *244*
— Buleuterion 100, *176, 177*
— Theater *182*
Prinias 41
— Architrav *47*
— Tempel A *48*
Prytaneion 100, 143
Pylos, Megaron 33
— Palast des Nestor *40, 41*
Pythagoras 67
Pytheos von Priene, Architekt 158, 160

Ras Šamra (Ugarit) 7
Revett, N. 44
Rhamnus 114, *155*
— Nemesistempel 93
Rhoikos, Architekt 42, 44
— Heratempel 42, *51*
— Kommentare 42
Rom 180, 196
— Kaiserzeit 196

Samos 41, 67, 114, 176
— Heraion 41, 42, 125, 128, *50-52*

Sardes 43
— Artemistempel 164, 172, *233-236*
— ionischer Tempel 172
Segesta 114
— Tempel *120*
— — dorischer *192, 211, 212*
— Theater *184*
Selinunt 58, 61, 63, 67, 68, 145, 157
— Akropolis 63, 123, 157
— Tempel C 61, 67, 157, *94-97*
— — D 267, 67, 157
— — E (Heratempel) *98-101*
— F 63, 67
— — G 63, 67
— — H 63
Side 198
Siphnier 43
Sizilien 69, 157
Skopas 95, 99, 166, *81*
Smyrna 37, 39
— Agora 196
Solon 143
Sophokles 113
Stuart 44
Sunion 114
— Poseidontempel 93, *150-154*
Syrakus 58, 61, 63, 68
— Apollotempel 61, *91-93*
— Athenatempel 69
— Befestigungen *224-226*

Tegea, Athena-Alea-Tempel 95, 168, *157, 158*
Tell Açana (Alalach) 7, 8
Teos, Dionysostempel 160
Thasos, Agora 172
— Befestigungen 168
— — Silenstor *220*
— — Zeustor *221, 222*
Theater, griechisches 113
— hellenistisches 168
Theben (Griechenland)
— Palast 31
Themistokles 79
Theodoros, Architekt 42

— Heratempel 42, *51*
— Kommentare 42
Thermos 58
— Apollotempel B 40, *49, 80*
Tholos 33, 35, 70
— mykenische 170
Thukydides 77, 79
Tiryns 31, 58
— Palast 31, *32-34*

Velia, Porta Rosa 170
Vitruv 42, 45, 158, 168, 180, 188

Xanthos 184, 185
— Nereidenmonument 51, 55, 164, 184, *76-79*
— Theater des Letoon 172

Zakros 8, 22, *29*

INHALTSVERZEICHNIS

QUELLENANGABEN ZU DEN BILDERN

Die Aufnahmen stammen von
Bruno Balestrini, außer den folgenden:

Aurelio Amendola, Pistoia: 91, 95, 99, 100.

British Museum, London: 77, 81.

Fotocielo, Rom: 103, 208.

Musée d'Archéologie, Marseille: 210

Francesco Quadarella, Agrigent: 217

Enzio Quiresi, Cremona: 104, 202.

Soprintendenza alle Antichità, Reggio Calabria: 115, 231.

Staatliche Museen, Berlin: 249, 260.

DIE ARCHITEKTUR DES MINOISCHEN KRETA UND DER MYKENISCHEN WELT	
DAS MINOISCHE KRETA	5
DIE MYKENISCHE ARCHITEKTUR	29
GEBURT UND ENTWICKLUNG DER ARCHITEKTUR DER GRIECHISCHEN STADT	
DIE URSPRÜNGE	37
DIE SAKRALARCHITEKTUR	40
DIE PROFANARCHITEKTUR	100
DIE ARCHITEKTUR DES HELLENISTISCHEN GRIECHENLANDS UND IHRE VERBREITUNG IN DER ANTIKEN WELT	158
BIBLIOGRAPHIE	199
NAMEN- UND ORTSREGISTER	200
QUELLENANGABEN ZU DEN BILDERN	203